AF671004

Σουλτάνα Παπαλαζάρου

Τα παραμύθια τής γιαγιάς Κοκόλενας

Δίγλωσση έκδοση
Ελληνικά – Γερμανικά

Απόδοση στα Γερμανικά
Βασίλειος Παπαλαζάρου

Soultana Papalazarou

Die Märchen der Großmutter Kokolena

Zweisprachige Ausgabe
Griechisch – Deutsch

Aus dem Griechischen von
Vasilios Papalazarou

Σουλτάνα Παπαλαζάρου

Τα παραμύθια τής γιαγιάς Κοκόλενας

Δίγλωσση έκδοση
Ελληνικά – Γερμανικά

Απόδοση στα Γερμανικά
Βασίλειος Παπαλαζάρου

Soultana Papalazarou

Die Märchen der Großmutter Kokolena

Zweisprachige Ausgabe
Griechisch – Deutsch

Aus dem Griechischen von
Vasilios Papalazarou

Bibliografische Information der Deutschen Nationalbibliothek:
Die Deutsche Nationalbibliothek verzeichnet diese Publikation in der Deutschen Nationalbibliografie; detaillierte bibliografische Daten sind im Internet über http://dnb.ddb.de abrufbar.

ISBN 978-3-86870-286-6

Umschlagillustration: cydonna / photocase.com

www.rediroma-verlag.de
12,95 Euro (D)

Όταν ήμουν κορίτσι άκουγα με χαρά τα παραμύθια που μας έλεγε η μητέρα μου, η Βασιλική Κουκουλέτα, το γένος Σαμσάρα. Η Κοκόλενα, όπως όλοι τη φώναζαν, διηγόταν με προθυμία τα παραμύθια αυτά, σε μας, τα οχτώ παιδιά της, κι αργότερα και στα εγγόνια της. Πολλά από τα παραμύθια της βρίσκονται ακόμη ζωντανά στη μνήμη μου. Άλλοτε πρόκειται για ιστορίες γεμάτες πόθο και μυστήριο. Άλλοτε για περιπέτειες φανταστικές. Είναι ιστορίες που μιλούν για τις ελπίδες των ανθρώπων και μας βεβαιώνουν, πως η καλοσύνη και το ήθος κάποτε ανταμοίβονται. Εδώ παραθέτω εις μνήμην τής αγαπημένης μου μητέρας, τής γιαγιάς Κοκόλενας, μερικά διαλεχτά παραμύθια της, προς ευχαρίστηση των μικρών και μεγάλων παιδιών ανάμεσά μας. Εύχομαι σε όλους όμορφες στιγμές.

Σουλτάνα Παπαλαζάρου

Als ich noch ein junges Mädchen war, hörte ich mit Freude meiner Mutter zu, wenn sie uns wieder Märchen erzählte. Ihr Name war Vasiliki Koukouleta, geborene Samsara. Die »Kokolena«, wie sie von allen genannt wurde, erzählte mit Vergnügen diese Geschichten, zunächst uns, ihren acht Kindern, und später auch ihren Enkeln. Viele ihrer Märchen sind mir noch ganz lebendig in Erinnerung geblieben. Mal leidenschaftlich und geheimnisvoll, dann wieder fantastisch und abenteuerlich, handeln sie von den Sehnsüchten der Menschen und versichern uns, dass Güte und Edelmut eines Tages belohnt werden. Im Gedenken an meine geliebte Mutter, der Großmutter Kokolena, stelle ich hier einige ausgesuchte Märchen zur Erbauung der kleinen und großen Kinder unter uns vor. Allen wünsche ich schöne Stunden.

Soultana Papalazarou

Inhalt

Η Ζάμπα και τα τρία αδέλφια

Μια φορά κι έναν καιρό, στα πολύ παλιά χρόνια, ζούσε σ' ένα μικρό χωριό μια φτωχή γριούλα με τα τρία της αγόρια. Η μόνη της επιθυμία ήταν να παντρέψει τα παιδιά της, κι έπειτα ας έκλεινε τα μάτια της. Έτσι, μια μέρα κάλεσε τους γιους της κοντά της και τους είπε:

«Παιδιά μου, γέρασα πια, μα πριν πεθάνω, θέλω να σας νοικοκυρέψω. Σήμερα, λοιπόν, θα ρίξω για την τύχη σας».

Η γριούλα είχε ένα τόξο με τρία βέλη από τον καιρό που ζούσε ακόμα ο άντρας της. Πήρε το τόξο κι έριξε το πρώτο βέλος για την τύχη τού πρώτου γιου της. Το βέλος τινάχτηκε ψηλά, και μετά από λίγο έπεσε στο κοντινό χωριό. Τότε πήρε το δεύτερο βέλος για την τύχη τού δεύτερου γιου. Πάλι το βέλος τινάχτηκε ψηλά κι έπεσε στο δεύτερο χωριό. Έτσι, τα δυο αδέρφια ξεκίνησαν για το χωριό που τους όρισε η τύχη, όπου και βρήκε ο καθένας τη γυναίκα που του έγραψε η μοίρα και παντρεύτηκε.

Μετά από λίγο καιρό πήρε πάλι το τόξο της η γριούλα κι έριξε και το βέλος τού τρίτου της γιου, τού πιο μικρού, τού πιο αγαπημένου της. Τον λέγανε Γιάννη, αλλά όλοι τον φωνάζανε Γιαννιό.

Όμως, το βέλος τού Γιαννιού δεν έπεσε σε χωριό, αλλά σ' έναν θάμνο στα κοντινά χωράφια. Τα αδέρφια τού Γιαννιού και οι γυναίκες τους άρχισαν τότε να γελούν με την τύχη τού αδελφού τους, μα εκείνος αψήφησε τα γέλια τους και παραξενεμένος ξεκίνησε να βρει την τύχη του στο χωράφι που του έδειξε το βέλος.

«Ό,τι κι αν βρεις σ'εκείνον τον θάμνο, πάρε το μαζί σου!» του φώναξε η μάνα του. «Είναι το τυχερό σου!»

Όταν έφτασε ο Γιαννιός στον θάμνο, δεν είδε στην αρχή τίποτα, μα μετά διέκρινε έναν βάτραχο. Εκείνα τα χρόνια τούς βατράχους τους λέγανε «Ζάμπα». Όταν είδε ο Γιαννιός τη Ζάμπα, άρχισε να γελάει δυνατά και με όλη του την καρδιά. Αλλά σύντομα σταμάτησε, διότι του φάνηκε, πως η Ζάμπα τον κοίταζε με μάτια λυπημένα. Τότε ντράπηκε ο Γιαννιός για τα κοροϊδευτικά γέλια του, κι έσκυψε και πήρε τη Ζάμπα στα χέρια του. Έτσι, γύρισε στο σπίτι τής μάνας του και παρουσίασε σ' όλους τη γυναίκα που του όρισε η τύχη. Η μάνα καθόλου δεν παραξενεύτηκε με αυτό που είδε, αλλά τα αδέλφια τού Γιαννιού και οι γυναίκες του δεν μπόρεσαν να κρατηθούν και ξέσπασαν σε δυνατά γέλια.

Η γριά μάνα βιάστηκε να τους μαλώσει και τους προμήνυσε πως μια μέρα θα ζήλευαν τον Γιαννιό για την τύχη του. Ο Γιαννιός, όμως, που δεν ήταν καθόλου χαρούμενος γι' αυτήν την τύχη, πήρε λυπημένος τη Ζάμπα στη μικρή του κάμαρα και την ακούμπησε πίσω από την πόρτα πάνω σε μια σανίδα.

Οι μέρες περνούσαν, και ο Γιαννιός θλιβόταν όλο και πιο πολύ. Όταν περνούσαν τα αδέρφια του με τις γυναίκες τους έξω από την κάμαρά του, άκουγε τα γέλια τους και στενοχωριόταν. Τόσο μεγάλωσε με τον καιρό η θλίψη του, που πλέον δεν ήθελε να βλέπει κανέναν.

Σε κανέναν πια δεν μιλούσε κι αποτραβήχτηκε απ' όλους. Μόνον κοντά στη μάνα του έβρισκε λίγη παρηγοριά, κι εκείνη τού θύμιζε, πως κάποτε όλοι θα τον ζήλευαν για την τύχη του. Σηκωνόταν πρώτος το πρωί και, για να μην συναντήσει κανέναν, έφευγε από νωρίς για το χωράφι. Ενώ τα αδέρφια του ξεκινούσαν με χαρά τη δουλειά τους και περίμεναν ανυπόμονα να βραδιάσει, εκείνος έφευγε τελευταίος από το χωράφι. Τα αδέρφια του επέστρεφαν στις γυναίκες τους κι εκείνες τους περίμεναν χαρούμενες με το τραπέζι στρωμένο, ο Γιαννιός όμως επέστρεφε λυπημένος και δεν καθόταν στο τραπέζι τους, μα έπαιρνε το φαγητό του κι πήγαινε στο δωμάτιο του.

Εκεί, μόνον η Ζάμπα τού κρατούσε συντροφιά και τον κοίταζε λυπημένα με τα υγρά της μάτια. Ο Γιαννιός έκλαιγε την τύχη του, μα δεν μισούσε τη Ζάμπα - ούτε κι αυτός ήξερε γιατί - παρά τη λυπόταν και μοιραζόταν μαζί της και το φαγητό του.

Μια μέρα, όπως κάθε μέρα, καθώς έφυγαν οι άλλοι για το χωράφι, η γυναίκα τού μεγάλου αδελφού, αφού μαγείρεψε, ξάπλωσε να ξεκουραστεί, και την πήρε ο ύπνος.

Τότε, ο βάτραχος μεταμορφώθηκε σε πεντάμορφη πριγκίπισσα. Φορούσε ένα ολομέταξο φόρεμα που πάνω του ήταν κεντημένες οι τέσσερις εποχές και το οποίο έλαμπε ολόκληρο. Η πριγκίπισσα τράβηξε προς την κουζίνα και πλησίασε την κατσαρόλα με το φαγητό, έφαγε το λάδι από πάνω, κι έριξε στη συνέχεια μια χούφτα αλάτι μέσα. Πάλι μεταμορφώθηκε σε βάτραχο, πήγε στο δωμάτιο και κάθισε πάνω στη σανίδα της.

Όταν επέστρεψαν το βράδυ τα τρία αδέρφια κουρασμένα και πεινασμένα και κάθισαν στο τραπέζι, δεν μπόρεσαν να φάνε ούτε μπουκιά. Το φαγητό ήταν τόσο αλμυρό, αλμυρότερο ακόμα κι από το νερό τής θάλασσας! Έτσι, εκείνο το βράδυ έμειναν όλοι νηστικοί. Και η γυναίκα τού μεγάλου αδελφού απορημένη γι' αυτό που έπαθε.

Την επόμενη μέρα ήταν η σειρά τής γυναίκας τού δεύτερου γιου να μαγειρέψει, αλλά κι αυτή έπαθε τα ίδια. Έτσι, εξ' αιτίας τής Ζάμπας όλοι έμειναν και τη δεύτερη μέρα νηστικοί.

Τότε αποφάσισαν τα αδέρφια να μαγειρέψουν. Πρώτος μαγείρεψε ο μεγάλος αδερφός. Αφού δοκίμασε το φαγητό κι έμεινε ευχαριστημένος, πήγε να ξεκουραστεί. Πάλι η Ζάμπα μεταμορφώθηκε σε πριγκίπισσα, πήγε και έφαγε το λάδι από πάνω, μα τώρα έριξε δύο χούφτες αλάτι στο φαγητό, πριν μεταμορφωθεί πάλι σε βάτραχο. Έτσι, η οικογένεια δεν έφαγε ούτε το τρίτο βράδυ, γιατί το φαγητό που τους παρουσίασε ο μεγάλος αδελφός ήταν χειρότερο από τα προηγούμενα. Την επόμενη μέρα θέλησε να δοκιμάσει την τύχη του και ο δεύτερος αδερφός, αλλά κι εκείνος έπαθε τα ίδια. Κανείς δεν καταλάβαινε τι γινόταν...

Ο Γιαννιός τώρα, που κάτι υποψιάστηκε, πρότεινε στα αδέρφια του να μαγειρέψει κι αυτός. Αφού μαγείρεψε το φαγητό, πήγε στο δωμάτιο του. Ξάπλωσε, κι έκανε ότι κοιμάται. Με τα μάτια μισόκλειστα παρακολουθεί. Άφησε την πόρτα του ανοιχτή, έτσι ώστε να μπορεί να βλέπει στην κουζίνα και να έχει στο μάτι την κατσαρόλα.

Ξαφνικά ακούστηκε ένα θρόισμα, και στη θέση τής Ζάμπας εμφανίστηκε μια πανέμορφη κοπέλα. Ο Γιαννιός τα έχασε. Τα πάντα γύρω του γυρίζουν. Δεν μπορεί να κουνηθεί από τη θέση του. Νιώθει, λες και το αίμα του έπαψε να ρέει στο σώμα του. Όταν συνήλθε, του φάνηκε πως βρέθηκε σε άλλον κόσμο.

«Η Ζάμπα!» πήγε να ξεφωνίσει. Και λίγο έλειψε να τρελαθεί

από τη χαρά του. Ένιωσε μέσα του την επιθυμία να πεταχτεί από το κρεβάτι του, να τρέξει και να την αγκαλιάσει, μα κρατήθηκε φοβούμενος πως όσα έβλεπε ήταν όνειρο. Έτσι παραμένει αμίλητος, κάνει ότι κοιμάται με μισάνοιχτα μάτια και παρακολουθεί.

Η κυρία Ζάμπα λοιπόν, όπως κάθε μέρα, σηκώθηκε αργά-αργά, και πήγε στην κουζίνα. Πανέμορφη και στολισμένη κατευθύνεται προς την κατσαρόλα. Ο Γιαννιός, που τα έχει χάσει από τη χαρά του, βλέπει τη Ζάμπα, που κομψή, όμορφη, και καλοντυμένη θυμίζει σωστή πριγκίπισσα, και η καρδιά του πάει να σπάσει.

Η Ζάμπα σήκωσε πάλι το καπάκι τής κατσαρόλας και πριν ακόμα πάρει την πρώτη κουταλιά, είπε τραγουδώντας, πως σήμερα όχι μόνο μια χούφτα αλάτι, αλλά όλο το κιούπι θα το αδειάσει στην κατσαρόλα...

Τότε ο Γιαννιός τινάχτηκε από το κρεβάτι κι έτρεξε προς το μέρος της. Εκείνη τρομαγμένη, καθώς δεν περίμενε κάτι τέτοιο, έτρεξε να κρυφτεί από τη ντροπή της κάτω από τη σανίδα της, αλλά ο Γιαννιός πρόλαβε και την έπιασε σφιχτά από το χέρι.

«Γιατί το κανείς αυτό;» τη ρώτησε. «Γιατί δεν φανερώνεσαι; Γιατί κρύβεις την ομορφιά σου και γίνεσαι βάτραχος, γιατί αφήνεις τόσον καιρό να με κοροϊδεύουν τα αδέλφια μου και οι χωριανοί, και γιατί αφού φας το λάδι από το φαγητό μας, ρίχνεις από πάνω το αλάτι, και δεν μας αφήνεις να φάμε μια μπουκιά, που είμαστε τόσες μέρες νηστικοί;»

Η Ζάμπα τον κοίταγε και τον άκουγε αμίλητη.

«Σήμερα το βράδυ», τής είπε ο Γιαννιός, «όταν έρθουν τα αδέλφια μου, θέλω να σε δουν. Να δουν τη γυναίκα μου, που τόσον καιρό με κοροϊδεύουν και γελάνε μαζί μου!»

Η Ζάμπα, που μέχρι εκείνην την στιγμή τον άκουγε αμίλητη, τρόμαξε και παρακάλεσε τον άντρα της να την αφήσει ελεύθερη. Έλεγε και ξανάλεγε:

«Άφησε με, και σου υπόσχομαι, τις νύχτες να ξαναγίνομαι γυναίκα. Την ημέρα όμως, όταν είναι τα αδέλφια σου εδώ γύρω, θα γίνομαι βάτραχος. Αλλά πρόσεξε: Μη με προδώσεις σε κανέναν, και μη φανερώσεις, ούτε στη μάνα σου, ούτε στα αδέρφια σου το μυστικό μου, γιατί θα πάθεις μεγάλο κακό!»

Ο Γιαννιός υποσχέθηκε να κρατήσει το μυστικό και την άφησε να φύγει. Όταν επέστρεψαν το βράδυ τα αδέρφια του και κάθισαν όλοι στο τραπέζι, έμειναν με το στόμα ανοιχτό, γιατί για πρώτη φορά μετά από μέρες, μπόρεσαν να φάνε μια μπουκιά. Και το φαγητό τού Γιαννιού τούς φάνηκε τόσο νόστιμο, ώστε, αφού το απόλαυσαν, αποφάσισαν αυτός να μαγειρεύει κάθε μέρα. Ο Γιαννιός ήταν σύμφωνος, γιατί έτσι θα περνούσε τις μέρες του κοντά στη Ζάμπα.

Έτσι, ο Γιαννιός μαγείρευε κάθε μέρα μαζί με τη Ζάμπα τα πιο νόστιμα φαγητά κι αντί να είναι λυπημένος, ήταν πια γεμάτος χαρά.

Κοντά του η Ζάμπα έπαιρνε την ανθρώπινη μορφή της. Τα αδέρφια του δεν άργησαν να πάρουν είδηση την αλλαγή τού Γιαννιού, και σύντομα άρχισαν πάλι να τον πειράζουν.

«Φαίνεσαι χαρούμενος από τότε που μένεις μόνος στο σπίτι με τον βάτραχο», του έλεγαν, «μήπως είσαι ερωτευμένος μαζί του;»

Λίγο έλειπε να τους τα φανερώσει όλα ο Γιαννιός, μα κρατιόταν, γιατί θυμόταν την υπόσχεση που είχε δώσει στη Ζάμπα. Επειδή όμως τα αδέρφια του συνέχιζαν να τον κοροϊδεύουν, τους φώναξε κάποιο βράδυ κρυφά κοντά του και τους είπε:

«Ακούστε! Τα γέλια σας και τις κοροϊδίες σας δεν τις αντέχω πια, αλλά για να πάψετε μια για πάντα να με πειράζετε, θα σας πω για ποιο λόγο είμαι τόσο χαρούμενος τον τελευταίο καιρό». Τα αδέρφια τού Γιαννιού περίμεναν να ακούσουν.

«Δεν είμαι πια μόνος τα βράδια» συνέχισε ο Γιαννιός, «ούτε μόνος μαγειρεύω, παρά έχω κοντά μου την πιο όμορφη γυναίκα τού κόσμου!»

Τότε ξέσπασαν σε δυνατά γέλια, οι αδερφοί του, αλλά ο Γιαννιός τούς είπε να σωπάσουν και συνέχισε:

«Θα έρθετε τα μεσάνυχτα στο δωμάτιο μου. Πίσω από την πόρτα θα είναι κρεμασμένο το τομάρι τής Ζάμπας. Θα το πάρετε και θα το κάψετε. Έτσι το πρωί θα δείτε ποιά είναι πράγματι η γυναίκα μου!»

Έτσι κι έγινε. Τα δύο αδέρφια άναψαν φωτιά κατά τα μεσάνυχτα και μπήκαν κρυφά στο δωμάτιο τού Γιαννιού.

Πράγματι, πίσω από την πόρτα ήταν κρεμασμένο το τομάρι τής Ζάμπας. Το πήραν και το έριξαν στη φωτιά.

Όταν, όμως, η φλόγες το τύλιξαν και το έκαψαν, εκείνη το μύρισε και τρομαγμένη τινάχτηκε ψηλά. Έτρεξε στην πόρτα και είδε πως έλειπε.

«Αχ!» είπε κλαίγοντας στον Γιαννιό, «με πρόδωσες και φανέρωσες το μυστικό μου, γι' αυτό μάθε, πως εσύ ο ίδιος ευθύνεσαι για όσα πάθεις».

Ο Γιαννιός όμως δεν έδωσε σημασία στα λόγια της. Όταν ξημέρωσε η επόμενη μέρα και ήρθε η ώρα και σηκώθηκαν όλοι, ο Γιαννιός πήρε τη Ζάμπα από το χέρι και την παρουσίασε στη μητέρα του και στ' αδέρφια του.

Όλοι έμειναν άφωνοι και σαστισμένοι από τα κάλλη της. Δεν είχαν ξαναδεί τόσο όμορφη γυναίκα, τόσο αρχοντική φορεσιά και τόσο ευγενική παρουσία. Αλλά, με τον καιρό τη συνήθισαν τη Ζάμπα. Οι συννυφάδες της, όμως, άρχισαν να τη ζηλεύουν, όλο και πιο πολύ, κι εκείνη το καταλάβαινε.

Μια μέρα η Ζάμπα θέλησε να δείξει στις συννυφάδες της, τι νόστιμα ψάρια ήξερε να μαγειρεύει. Πήρε και έβαλε το λάδι στη φωτιά και τις φώναξε κοντά της. Επειδή όμως δεν υπήρχαν ψάρια στο σπίτι, οι συννυφάδες της τη ρώτησαν:

«Πού είναι τα ψάρια που θα τηγανίσεις;»

«Τώρα θα δείτε!» απάντησε η Ζάμπα, και όταν το λάδι έκαψε καλά, βούτηξε μέσα την παλάμη της και είπε:

«Πέντε δάχτυλα στον πάτο, δέκα ψάρια στο τηγάνι!»

Αμέσως βρέθηκαν δέκα φρέσκα και μυρωδάτα ψάρια στο τηγάνι.

«Αυτό μπορούμε να το κάνουμε κι εμείς!» είπαν οι δυο συννυφάδες. Πρώτη η μεγάλη φώναξε:

«Πέντε δάχτυλα στον πάτο, δέκα ψάρια στο τηγάνι», και βούτηξε το χέρι της στο καυτό λάδι. Έκαψε όμως τα δάχτυλα της κι έτρεξε να φύγει με φωνές και κλάματα. Η νεότερη συννυφάδα δεν έβαλε μυαλό από το πάθημα τής μεγάλης και πλησίασε κι αυτή το τηγάνι, για να πάθει τα ίδια.

Έτσι, μπήκε η διχόνοια ανάμεσα τους. Οι δυο συννυφάδες έψαχναν ευκαιρίες, για να κατηγορήσουν τη Ζάμπα στους άντρες τους. Η κακία τους μεγάλωνε μέρα με τη μέρα και η ζήλια τους το ίδιο. Τέλος έπεισαν τους άντρες τους, να πάνε και να φανερώσουν το μυστικό τής Ζάμπας στον άρχοντα και να την κατηγορήσουν ως μάγισσα. Η γκρίνια τους είχε γίνει πια ανυπόφορη, και κάποτε τα αδέρφια πράγματι πήγαν στον άρχοντα και του τα φανέρωσαν όλα...

Όταν έμαθε ο άρχοντας την ιστορία και το μυστικό τής Ζάμπας, κάλεσε τον Γιαννιό και τη Ζάμπα να απολογηθούν. Ο Γιαννιός παραξενεύτηκε και φοβόταν τον άρχοντα, η Ζάμπα όμως, τού θύμισε την υπόσχεση που δεν κράτησε, και του είπε:

«Επειδή με πρόδωσες, τα παθαίνουμε όλα αυτά και θα πάθουμε πολλά ακόμα».

Αλλά, έπρεπε να υπακούσουν στη διαταγή και ξεκίνησαν για το παλάτι τού άρχοντα.

Μόλις έφτασαν μπροστά στον άρχοντα, εκείνος τους ρώτησε με ήπια φωνή αν ήταν αληθινή η ιστορία που άκουσε από τ' αδέρφια τού Γιαννιού. Ο Γιαννιός, όταν έμαθε ότι ήταν τ' αδέρφια του εκείνοι που τον είχαν προδώσει, λυπήθηκε πολύ, αλλά σύντομα άρχισε να αφηγείται την ιστορία τής Ζάμπας στον άρχοντα. Ο άρχοντας ακούει την ιστορία για δεύτερη φορά, τώρα από τον ίδιο τον Γιαννιό, μα κοιτάει και τη Ζάμπα, που του αρέσει πολύ, και αναρωτιέται, πώς να την κερδίσει. Αφού είπε ο Γιαννιός όσα είχε να πει, ο άρχοντας σηκώθηκε από τη θέση του, και του είπε:

«Είναι αλήθεια, έχεις πολύ όμορφη γυναίκα, αλλά για να έχουμε τέτοια γυναίκα, πρέπει και να την αξίζουμε. Έτσι, πρέπει και συ να αποδείξεις, ότι είσαι αντάξιος της, γι' αυτό θα σου ζητήσω κάτι. Αυτό που θα σου ζητήσω δεν είναι εύκολο να βρεθεί, αλλά θέλω να μου το φέρεις ως απόδειξη τής αξιοσύνης σου.

Ο καημένος ο Γιαννιός, σαστισμένος και φοβισμένος, περιμένει με αγωνία να μάθει τι θα του ζητήσει ο άρχοντας. Και ο άρχοντας συνεχίζει και με δυνατή φωνή τού λέει:

«Θα μου φέρεις δυο τσαμπιά σταφύλια, ένα άσπρο κι ένα κόκκινο. Από αυτά τα τσαμπιά θέλω να γεμίσουν όλα τα βαρέλια στο παλάτι μου με κρασί! Αν δεν το κατορθώσεις σε τρεις μέρες, η Ζάμπα θα γίνει δική μου γυναίκα!»

Ο Γιαννιός όσο μπόρεσε και κρατήθηκε στα πόδια του όταν άκουσε αυτήν τη διαταγή. Αλλά, χωρίς να μπορεί να κάνει διαφορετικά, πήρε με τη γυναίκα του το δρόμο τής επιστροφής. Ήταν πολύ λυπημένος γιατί δεν ήξερε πού να βρει αυτά τα τσαμπιά που θα γέμιζαν τα βαρέλια τού άρχοντα με κρασί. Η Ζάμπα όμως χαιρόταν για το πάθημα τού Γιαννιού που δεν την είχε ακούσει.

Όταν έφτασαν στο σπίτι, ο Γιαννιός έπεσε άρρωστος από τη στεναχώρια του. Ήξερε, πως δε θα μπορούσε να βρει τα τσαμπιά που του ζήτησε ο άρχοντας.

Έτσι πέρασαν δυο μέρες. Όταν ξημέρωσε η τρίτη μέρα, και ο Γιαννιός δεν είχε συνέλθει από τη στενοχώρια, άρχισε να κλαίει και να παρακαλάει τη γυναίκα του, μήπως κι έβρισκε εκείνη μια λύση κι έναν τρόπο να τον βοηθήσει. Αυτή όμως του θύμισε τη συμβουλή της που δεν άκουσε. Ο Γιαννιός έκλαιγε και την παρακαλούσε, διότι δεν άντεχε την ιδέα ότι θα έχανε την όμορφη Ζάμπα του. Κι η Ζάμπα, αφού την παρακάλεσε πια τόσο πολύ, και της ζήτησε τόσες φορές να τον συγχωρέσει, τον λυπήθηκε. Πήγε κοντά του και του είπε:

«Βλέπεις λοιπόν, Γιαννιό μου, τι παθαίνεις επειδή δεν στάθηκες άξιος τής εμπιστοσύνης μου;»

Ο Γιαννιός, όσο αυτή μιλούσε, έχυνε πικρά δάκρυα.

«Σταμάτα, λοιπόν, να κλαις σαν μικρό παιδί κι άκουσε με!»

Ο Γιαννιός σκουπίζοντας τα δάκρυα του περίμενε ν' ακούσει τι θα του πει.

«Πήγαινε εκεί που με βρήκες» του λέει, «φώναξε τρεις φορές 'ντάιντα τής κυράς' και θα βγουν η μάνα μου και η αδερφή μου. Θα ζητήσεις να σου δώσουν ένα τσαμπί από την άσπρη κληματαριά κι ένα από την κόκκινη, και χωρίς να χάσεις καιρό θα τα πας στον άρχοντα. Πρόσεξε όμως, στο δρόμο μη σπάσεις καμιά ρόγα».

Ο Γιαννιός τότε χαρούμενος ξεκίνησε για το χωράφι, όπου είχε βρει τη Ζάμπα και φώναξε τρεις φορές «ντάιντα της κυράς», όπως του είχε πει η γυναίκα του. Τότε βγήκαν με χαρά και υποδέχτηκαν τον γαμπρό τους η πεθερά και η κουνιάδα του, που κι αυτές ήταν πανέμορφες. Τον φίλεψαν, ρώτησαν για τη Ζάμπα και χάρηκαν που ήταν σε καλά χέρια. Έπειτα του έδωσαν τα σταφύλια και τον αποχαιρέτησαν.

Ο Γιαννιός ξεκίνησε με τα τσαμπιά για τον άρχοντα. Στον δρόμο, όμως, η περιέργειά του μεγάλωνε όλο και πιο πολύ, και παρ' όλο που θυμήθηκε τα λόγια τής Ζάμπας να μη σπάσει καμιά ρόγα, δεν άντεξε. Έσπασε μια ρόγα με τα δάχτυλα του και τότε ξεχύθηκε απ' αυτή χείμαρρος το κρασί!

Ο Γιαννιός κατάλαβε, ότι πράγματι αυτά τα δύο τσαμπιά θα γέμιζαν τα βαρέλια τού άρχοντα και συνέχισε γρήγορα το δρόμο του. Έφτασε στο αρχοντικό και παρέδωσε τα σταφύλια, που γέμισαν όλα τα βαρέλια τού άρχοντα με κρασί.

Ο άρχοντας, όμως, που επιθυμούσε πολύ τη Ζάμπα, δεν άφησε τον Γιαννιό να φύγει έτσι. Τον φώναξε κοντά του και του είπε:

«Τα βαρέλια μου γέμισαν κρασί, όμως, αυτό δεν αρκεί, για να κρατήσεις τη Ζάμπα. Θα μου φέρεις σαράντα αυγά, κι από αυτά θέλω να βγουν σαράντα λαγοί!»

Ο Γιαννιός σάστισε. Λαγοί να βγαίνουν από αυγά; Μα αυτό ήταν αδύνατο! Ο άρχοντας όμως επέμενε:

«Αν δεν μου φέρεις αυτό που σου ζητώ, δεν πρόκειται να ξαναδείς τη Ζάμπα, γιατί θα σου πάρω το κεφάλι!»

Έτσι πήρε πάλι ο Γιαννιός τον δρόμο για το σπίτι λυπημένος, χωρίς να ξέρει τι να κάνει. «Καλά να πάθω» έλεγε μέσα του. «Γιατί δεν κράτησα το μυστικό τής Ζάμπας; Επειδή την πρόδωσα τα παθαίνω όλα αυτά, όπως μου το είχε πει!»

Στο σπίτι η Ζάμπα τον καλωσόρισε και ζήτησε να μάθει πώς τα πήγε με τα σταφύλια. Η Ζάμπα ήξερε πολύ καλά τι συνέβαινε, αλλά έκανε την ανίδεη. Τότε ο Γιαννιός άρχισε να κλαίει και να την παρακαλεί να τον βοηθήσει να βρει τα αυγά που του ζητούσε ο άρχοντας. Πάλι πέρασαν δύο μέρες, και ο Γιαννιός δεν ήξερε τι να κάνει. Την τρίτη μέρα η Ζάμπα τον λυπήθηκε και τον ξανάστειλε στη μάνα της και την αδερφή της:

«Θα πας εκεί που με βρήκες και θα φωνάξεις τρεις φορές 'ντάιντα της κυράς' όπως και την τελευταία φορά» του είπε. «Θα έρθουν πάλι η μάνα μου και η αδερφή μου, και θα ζητήσεις να σου δώσουν το καλάθι με τα αυγά που έχουν φυλαγμένο».

Ο Γιαννιός δεν έχασε καιρό κι έτρεξε πάλι στο χωράφι, και σε λίγο έφτασε στο σημείο όπου είχε βρει τη Ζάμπα. Φώναξε πάλι τρεις φορές «ντάιντα της κυράς» και πάλι τον υποδέχτηκαν η μάνα της και η αδερφή της. Του έδωσαν το καλάθι που ζήτησε και χαρούμενος πάλι τράβηξε για την πολιτεία.

Μα η περιέργεια του ήταν πάλι μεγάλη. Έτσι έσπασε ένα από τα αυγά και τότε πετάχτηκε μέσα απ' αυτό ένας λαγός. Η Ζάμπα, όμως, τον είδε από το παράθυρο και τον μάλωσε:

«Πώς θα πας τώρα στον άρχοντα;» του φώναξε. «Θα μετρήσει τα αυγά και μόλις δει πως λείπει ένα, θα σου πάρει το κεφάλι!»

Ο Γιαννιός τότε άρχισε να κλαίει, γιατί δεν είχε σκεφτεί τον κίνδυνο όταν έσπασε το αυγό, και ζητούσε πάλι βοήθεια από τη Ζάμπα. Και η Ζάμπα τον λυπήθηκε ακόμη μια φορά για την κουταμάρα του και του έδωσε την εξής συμβουλή:

«Όταν θα φτάσεις μπροστά στον άρχοντα» του είπε, «θα κάνεις πως σκοντάφτεις, και πέφτοντας, θα ρίξεις μπροστά του το καλάθι. Έτσι θα σπάσουν τα αυγά, και οι λαγοί που θα βγουν απ' αυτά θα τρέχουν πέρα-δώθε κι έτσι δε θα μπορέσουν να τους μετρήσουν».

Έτσι κι έγινε. Ο Γιαννιός, όταν έφτασε μπροστά στον άρχοντα, σκόνταψε κι έπεσε, έσπασαν τα αυγά, πετάχτηκαν έξω απ' αυτά οι λαγοί και κανείς δεν μπόρεσε να τους μετρήσει, διότι άρχισαν να τρέχουν πέρα-δώθε.

Αλλά, πριν μπορέσει ο Γιαννιός να χαρεί, ο άρχοντας τού ζήτησε ένα τρίτο πράγμα: «Θα μου φέρεις έναν άνθρωπο, μια πιθαμή στο μπόι, μ' ένα μέτρο τη γενειάδα και με τη δύναμη μιας στρατιάς. Αυτό είναι το τελευταίο πράγμα που σου ζητώ».

Και ο Γιαννιός πήρε πάλι τον δρόμο τής επιστροφής, κλαίγοντας για το απίθανο πράγμα που του ζήτησε ο άρχοντας.

«Θέλει να μου πάρει τη γυναίκα μου» έλεγε και ξανάλεγε, και ο δρόμος τού φάνηκε ατελείωτος. Όταν έφτασε στο σπίτι κουρασμένος, δεν θέλησε να δει κανέναν. Για τα αδέλφια του ένοιωθε τώρα μεγάλη οργή. Πώς μπόρεσαν να του κάνουν τέτοιο κακό τη στιγμή που αυτός τους εμπιστεύτηκε το μυστικό του;

Η Ζάμπα που τον άκουσε και που έσπευσε να τον καλοδεχτεί, τον βρήκε λυπημένο. Αυτός της αφηγήθηκε όσα συνέβησαν και της μίλησε και για την τρίτη επιθυμία τού άρχοντα.

«Γιατί επέστρεψες λοιπόν στο σπίτι;» του απαντά εκείνη. «Έπρεπε να μείνεις μια και καλά να σε βάλουν στη φυλακή, διότι αυτό που σου ζητάει ο άρχοντας, είναι αδύνατο να βρεθεί!»

Ο Γιαννιός που μέχρι τότε ήλπιζε στη βοήθεια της, όταν την άκουσε να του μιλάει έτσι, άρχισε πάλι να κλαίει και να την παρακαλεί. Μα όσο αυτός έκλαιγε, τόσο αυτή τώρα θύμωνε και του μιλούσε άσχημα. Πάλι και πάλι του θύμιζε την ανυπακοή του.

Τότε ο Γιαννιός ξεπέρασε ξαφνικά τον φόβο του και πήρε κουράγιο. Σηκώθηκε από τη θέση του, σκούπισε τα δάκρυα του, και με φωνή γεμάτη πεποίθηση της είπε:

«Το ξέρω πως πρόδωσα το μυστικό σου και για μια ακόμη φορά σου ζητώ συγνώμη. Αλλά, τώρα φεύγω, να πάω στον άρχοντα και να του πω, ότι αυτό που ζητάει δεν γίνεται να βρεθεί, και ας με ρίξει στη φυλακή για όλη μου τη ζωή!»

Η Ζάμπα, που δεν περίμενε τέτοιο θάρρος από τον άντρα της, καθώς μέχρι τότε τον θεωρούσε δειλό, συγκινήθηκε. Όχι μόνο θέλησε να τον βοηθήσει, αλλά του είπε: «Τώρα θα έρθω κι εγώ μαζί σου!»

Σηκώθηκε λοιπόν μαζί με τον Γιαννιό και πήγε στον θάμνο όπου την είχε βρει και φώναξε τη μάνα της και την αδελφή της. Αυτές βγήκαν και υποδέχτηκαν με χαρά την κόρη κι αδερφή που είχαν τόσον καιρό να δουν.

Η Ζάμπα τις φανέρωσε για ποιον λόγο είχε έρθει. Μετά, πήγε κι άνοιξε ένα ντουλάπι και έβγαλε από μέσα ένα μικρό κουτί. Το άνοιξε, και τότε πετάχτηκε μέσα από το κουτάκι ένα ανθρωπάκι, μια πιθαμή στο μπόι, και με γένια που το κάλυπταν ολόκληρο γιατί ήταν μακριά, όσο ακριβώς τα ζήτησε ο άρχοντας.

Ο Γιαννιός, μόλις το είδε, πέταξε από τη χαρά του και πλησίασε το κουτάκι πάνω στο οποίο καθόταν το ανθρωπάκι με τη μεγάλη του γενειάδα. Άπλωσε το χέρι του να το ακουμπήσει, λες και ήθελε να πειστεί ότι δεν ήταν κάποιο ψεύτικο παιχνίδι.

Εκείνην τη στιγμή το ανθρωπάκι τινάχτηκε πάνω του κι άρχισε να τον χτυπάει και να του ρίχνει μια από δω και μια από κει, όπου τον έβρισκε. Μέχρι να το πάρουν είδηση μάνα και κόρες, ο

Γιαννιός είχε φάει τόσο ξύλο, όσο ποτέ στη ζωή του.

Η Ζάμπα τότε μάλωσε το ανθρωπάκι και του είπε ότι ο Γιαννιός είναι ο άντρας της. Έπειτα του φανέρωσε ότι είχαν ανάγκη τη βοήθεια του. Το ανθρωπάκι που ποτέ δεν χαλούσε το χατίρι τής κυράς του, θέλησε να μάθει τι του ζητούσαν.

«Άκουσε» του λέει, «σήμερα κιόλας πρέπει να πάμε στον άρχοντα. Μόλις φτάσουμε στο παλάτι και περάσουμε μέσα, θα αρχίσεις να δέρνεις όποιον από τους φρουρούς τολμήσει να μας εμποδίσει. Όταν φτάσουμε στον θρόνο τού άρχοντα θα κάνεις το ίδιο και με κείνον, ώσπου ο άρχοντας μας δώσει όρκο, ότι δεν θα μας ξαναενοχλήσει!»

Έτσι κι έγινε. Μόλις έφτασαν στα ανάκτορα, οι φρουροί θέλησαν να τους εμποδίσουν, αλλά το ανθρωπάκι έκανε όπως το συμβούλεψε η Ζάμπα. Έδωσε ξυλιές όσες μπορούσε σ' όλους τους φρουρούς και αυλικούς, που τώρα έτρεχαν να κρυφτούν. Τέλος, έφτασαν και στη μεγάλη σάλα όπου βρισκόταν ο θρόνος τού άρχοντα.

Αυτός, μόλις τους είδε τρόμαξε, γιατί δεν υπολόγισε να τον πλησιάσουν έτσι ανενόχλητοι από τη φρουρά που βρισκόταν στις πύλες. Όταν είδε το ανθρωπάκι, κάτι που μέχρι τότε δεν περίμενε ότι θα μπορούσε να υπάρχει, τα έχασε ολότελα, όμως, καθώς ήταν σκληρός, χωρίς να χάσει καιρό, και χωρίς να φανταστεί τι τον περίμενε, διέταξε τους σωματοφύλακες του, να πετάξουν αμέσως τον Γιαννιό και το ανθρωπάκι του στη φυλακή, και να προσφέρουν στη Ζάμπα τον θρόνο που της άξιζε δίπλα του!

Η Ζάμπα και ο Γιαννιός προχωρούν με το μικρό ανθρωπάκι στον ώμο του. Ζητούν από τον άρχοντα να τους αφήσει ήσυχους, και να μην τους ξαναενοχλήσει, μα ο άρχοντας δεν θέλει ούτε ν' ακούσει κάτι τέτοιο όσο βλέπει την όμορφη Ζάμπα. Για άλλη μια φορά τον παρακαλούν, μα ο άρχοντας ούτε που δίνει σημασία στα λόγια τους.

Τότε το ανθρωπάκι, όπως το είχε συμβουλέψει η κυρά του, πετάχτηκε από τους ώμους τού Γιαννιού κι άρχισε να χτυπάει τον άρχοντα, όπου τον έβρισκε. Τα ίδια πάθαινε και οποίος τολμούσε να το εμποδίσει.

Τούς έδερνε, λοιπόν, αλύπητα και κανείς δεν μπορούσε να

αμυνθεί. Ούτε οι γίγαντες σωματοφύλακες μπορούσαν τώρα να βοηθήσουν τον κύριο τους και να φυλαχτούν από το μικρό ανθρωπάκι. Ο άρχοντας από τον τρόμο του δεν ήξερε τι να κάνει. Ποτέ σ' όλην του τη ζωή δεν είχε τολμήσει κανείς να τον πειράξει και τώρα βρέθηκε ένα τόσο δα μικρούλι και τα βγάζει πέρα με όλην τη φρουρά του! Τώρα, όσο έτρωγε το ξύλο, φώναζε και ζητούσε τη βοήθεια τής Ζάμπας και τού Γιαννιού δίνοντας υποσχέσεις πως δεν θα τους ξαναενοχλήσει ποτέ πια. Μόνον ας πάρουν το ανθρωπάκι κι ας φύγουν μακριά όσο πιο γρήγορα μπορούν!

Τότε η Ζάμπα διέταξε το ανθρωπάκι να σταματήσει κι εκείνο πετάχτηκε πάλι στον ώμο τού Γιαννιού. Ο άρχοντας όχι μόνον τους άφησε ελεύθερους παρά τους ετοίμασε κι άμαξα χρυσή και με πολλά φλουριά και δώρα τους άφησε να φύγουν.

Το ζευγάρι με το μικρό ανθρωπάκι έφυγε χαρούμενο και πήρε τον δρόμο για το χωριό. Εκεί όλοι τους περίμεναν. Και άρχισε γλέντι μεγάλο. Τα αδέρφια του, που είχαν μετανιώσει για όσα είχαν φταίξει, ζήτησαν τη συγνώμη τού αδερφού τους, κι εκείνος τους συγχώρεσε παρ' όλα τα βάσανα που τράβηξε εξ αιτίας τους.

Στο μεταξύ κάλεσαν και τη μάνα και την αδελφή τής Ζάμπας κοντά τους, που κι αυτές, αν και ήταν στοιχειωμένες μέχρι τότε, χάρη στην περιπέτεια τού Γιαννιού, πήραν την ανθρώπινη μορφή τους και την κράτησαν. Κόρη κι αδερφή πέταξαν το τομάρι τους κι έτρεξαν με χαρά να συναντήσουν τη Ζάμπα και να ευχαριστήσουν τον Γιαννιό, τον γαμπρό και κατά τύχη σωτήρα τους.

Έτσι έγιναν όλα, όπως κάποτε τα είχε προμηνύσει η μάνα τού Γιαννιού, που είχε πει ότι κάποτε θα τον ζήλευαν όλοι για την τύχη του. Όλα τα βάσανα και όλοι οι φόβοι που πέρασε ο Γιαννιός ξεχάστηκαν, κι έτσι έζησαν όλοι μαζί ευτυχισμένοι και χαίρονταν τα αγαθά που τους πρόσφερε η ζωή.

Die Saba und die drei Brüder

Es war einmal vor langer Zeit ein armes Mütterlein, das lebte mit ihren drei Söhnen in einem kleinen Dorf. Nichts wünschte sie sich sehnlicher als die drei jungen Männer gut verheiratet zu wissen. Also rief sie ihre Söhne eines Tages zu sich und sprach zu ihnen:

»Meine Lieben, ich bin nicht mehr die Jüngste, doch bevor ich sterbe, möchte ich sehen, dass ihr eine ordentliche Frau gefunden und geheiratet habt. Heute, also, werde ich das Schicksal nach eurem künftigen Eheglück befragen.«

Sie besaß nämlich einen Bogen und drei Pfeile aus der Zeit, als ihr Mann noch lebte. Sie nahm den Bogen und schoss den ersten Pfeil ab. Damit wollte sie ihrem ältesten Sohn den Weg zu seinem Eheglück aufzeigen. Der Pfeil flog in die Höhe und fiel in das benachbarte Dorf. Dann nahm sie den zweiten Pfeil und schoss ihn ab. Wieder flog der Pfeil hoch in den Himmel und fiel nach einer Weile in das nächste Nachbardorf. So begab sich jeder der zwei Brüder in den Ort, den ihm der Pfeil wies, fand dort die Frau seines Herzens und heiratete.

Nach einiger Zeit nahm die Alte wieder ihren Bogen in die Hand und schoss den dritten Pfeil ab, der ihrem jüngsten Sohn den Weg zu seinem Eheglück weisen sollte. Der Jüngste war ihr der liebste Sohn. Sein Name war Jiannis, und alle nannten ihn liebevoll Jiannio.

Auch dieser Pfeil flog in die Höhe, doch landete er nicht in einem Dorf, sondern in ein Gebüsch auf den nahegelegenen Feldern. Jiannios Brüder und ihre Frauen lachten, als sie dies sahen, er aber machte sich etwas verdutzt über diese Fügung auf den Weg.

»Was immer du an jenem Busch auch finden magst, nimm es an dich!«, rief ihm seine Mutter zu. »Das Glück hat es dir zugeteilt!«

Als Jiannio an den Busch kam, in den der Pfeil gefallen war, fand er zunächst nichts, was er hätte mitnehmen können, doch dann erblickte er einen Frosch. In jenen Tagen sagte man »Saba«

zu den Fröschen. Als er also die Saba sah, schüttelte er sich vor Lachen. Aber schon bald verging ihm das Lachen, denn es schien ihm, als blicke ihn die Saba traurig an. Da schämte sich Jiannio sehr über sein spöttisches Gelächter, bückte sich und nahm die Saba in seine Hände. Er begab sich wieder auf den Weg nach Hause und dort angekommen, präsentierte er allen die Gemahlin, die ihm das Glück beschert hatte.

Die alte Mutter schien nicht im Geringsten darüber erstaunt zu sein, doch seine Brüder und ihre Frauen krümmten sich vor Lachen über diese Braut. Die Mutter beeilte sich sie zu ermahnen, dass sie eines Tages den Jiannio seines Glückes wegen noch sehr beneiden würden, doch das alles half nichts. Schließlich nahm Jiannio traurig die Saba mit in seine kleine Kammer und setzte sie hinter der Türe auf ein Holzbrett.

Die Zeit verging und Jiannio wurde sehr schwermütig. Er hörte das Gekicher seiner Brüder und ihrer Frauen, wenn sie draußen vor seiner Türe vorbeigingen, und das betrübte ihn sehr. Sein Kummer wuchs von Tag zu Tag, bis er bald niemanden mehr sehen wollte. Er zog sich immer mehr zurück und mit keinem wechselte er ein Wort. Nur bei seiner Mutter fand er manchmal etwas Trost und jene ließ nicht davon ab, ihm zu versichern, dass ihn eines Tages alle seines Glückes wegen beneiden würden.

Doch das munterte ihn nicht auf. Jiannio ging morgens als erster hinaus aufs Feld, um niemandem zu begegnen, und während seine Brüder sich auf den Abend freuten, blieb er noch lange bei der Arbeit. Seine Brüder kamen freudig nach Hause zu ihren Frauen, wo sie erwartet wurden und wo der Tisch bereits gedeckt war. Jiannio, aber, kam traurig an und setzte sich nicht zu ihnen an den Tisch, sondern nahm sich nur schnell etwas zu essen und lief in seine Kammer. Dort leistete ihm nur die Saba Gesellschaft und sah ihn immerzu mit ihren feuchten Augen an. Jiannio war zwar sehr traurig über sein Schicksal, aber ohne selbst zu wissen warum, konnte er auf die Saba nicht böse sein. Er mochte sie sogar ein bisschen und teilte mit ihr sein Brot.

Eines Tages waren wieder alle aufs Feld gegangen, bis auf die Frau des ältesten Bruders, die sich nun anschickte, das Essen zu bereiten. Nachdem sie das Essen gekocht hatte, legte sie sich zum Ausruhen hin und schlief bald ein.

In jenem Moment verwandelte sich die Saba in eine wunderschöne Prinzessin. Sie trug ein Seidenkleid, das mit reichen Stickereien besetzt war und prächtig glänzte. Die Prinzessin schritt in die Stube und näherte sich dem Topf mit der Suppe. Flink schöpfte sie obenauf das Öl ab und aß es, und dann streute sie eine Handvoll Salz ins Essen. Sie verwandelte sich wieder in einen Frosch und setzte sich auf ihr Brettchen.

Am Abend kamen die Brüder erschöpft und hungrig nach Hause. Sie setzten sich an den Tisch, doch sie bekamen keinen Bissen herunter von der Speise, die ihnen vorgesetzt wurde, denn die Suppe war salziger als das Wasser der Meere. So mussten sie alle hungern an jenem Abend und die Frau des ältesten Bruders wunderte sich sehr darüber, wie ihr so etwas widerfahren konnte.

Am nächsten Tag war die Frau des zweitältesten Bruders an der Reihe, das Essen zu kochen, aber auch ihr wurde dasselbe zuteil. So mussten auch am zweiten Abend alle hungern, denn auch diesmal hatte die Saba das Essen versalzen. Daraufhin beschlossen die Brüder, sich am nächsten Tag selbst um das Essen zu kümmern.

Als erster versuchte sich der Älteste darin. Nachdem er gekocht und das Essen probiert hatte, legte er sich zufrieden hin und schlief bald darauf ein. Die Saba verwandelte sich in eine Prinzessin, ging an den Topf, schlürfte obenauf das Öl ab und streute dann gleich zwei Handvoll Salz in die Suppe, bevor sie sich wieder in einen Frosch zurückverwandelte. So bekam die Familie auch am dritten Abend nichts zu essen, denn was ihnen der älteste Bruder vorgesetzt hatte, war schlimmer als jedes Essen zuvor. Niemand konnte sich erklären, was vor sich ging. Und auch als am Tag darauf der zweitälteste Bruder kochen sollte, gelang es ihm kein Bisschen besser als den anderen zuvor.

Jiannio schöpfte nun Verdacht und bot sich an, es auch einmal mit dem Kochen zu versuchen. Nachdem er nun am nächsten Tag das Essen zubereitet hatte, ging er in seine Kammer, aber er ließ die Türe offen, sodass er in die Stube sehen konnte. Er legte sich hin und stellte sich schlafend. Durch die halb geöffneten Augen beobachtete er das Geschehen.

Plötzlich hörte er ein seltsames Rauschen und an der Stelle, an der zuvor die Saba saß, war nun eine wunderschöne Frau erschienen. Dem Jiannio raubte dieser Anblick den Atem. Alles begann sich um ihn herum zu drehen. Er konnte sich vor Erstaunen kaum rühren, und ihm war, als stocke das Blut in seinen Adern. Als er sich wieder gefangen hatte, kam es ihm vor, als befinde er sich an einem anderen Ort.

»Meine Saba!«, wollte er ausrufen, und es hätte nicht viel gefehlt, um vor Freude den Verstand zu verlieren. Er empfand nichts sehnlicher als den Wunsch, aus dem Bett zu springen, zu ihr hinzulaufen und seine Gattin zu umarmen. Aber er konnte sich gerade noch beherrschen. So blieb er stumm liegen und stellte sich weiter schlafend, um sie unbemerkt durch die halb geöffneten Augen zu beobachten. Die Frau Saba begab sich ohne Hast in die Stube. Wunderschön und reich geschmückt bewegte sie sich auf den Herd zu. Jiannio, noch vor Glück betäubt, konnte sie dabei beobachten, wie sie in ihrem hübschen Kleid dahin schritt, ganz wie es sich für eine Prinzessin gehört, und sein Herz pochte wie wild. Die Saba nahm den Topfdeckel ab, und noch bevor sie den ersten Löffel von der Suppe nahm, sang sie freudig vor sich hin, dass sie diesmal nicht nur eine Handvoll Salz in den Topf streuen, sondern das ganze Salzfass darin leeren würde!

In jenem Moment sprang Jiannio aus dem Bett und rannte auf sie zu. Die Saba, die nicht damit gerechnet hatte, ertappt zu werden, machte sich vor Schreck und Scham davon und wollte sich noch schnell unter ihrem Brettchen verstecken. Aber Jiannio war schnell genug, sie noch rechtzeitig an der Hand zu packen.

»Warum tust du das?«, fragte er sie. »Warum verbirgst du deine wahre Gestalt und verwandelst dich in einen Frosch? Warum lässt du es zu, dass ich die ganze Zeit von meinen Brüdern verlacht und von den Dorfbewohnern verspottet werde? Und warum streust du das Salz in die Suppe, nachdem du dich satt gegessen hast, sodass wir tagelang hungern müssen?«

Die Saba sah ihn an, doch blieb sie stumm.

»Heute Abend«, sagte Jiannio, »will ich, dass du dich meinen Brüdern zeigst. Ich will, dass sie die wahre Gestalt der Frau zu sehen bekommen, um die sie mich bislang so verlacht haben!«

Die Saba, die bis dahin geschwiegen hatte, bekam es jetzt mit der Angst zu tun und flehte ihn an, sie los zu lassen. So redete sie auf ihn ein:

»Zwinge mich nicht, mich deinen Brüdern zu zeigen, und ich verspreche dir, des Nachts meine Frauengestalt anzunehmen. Am Tage aber, solange deine Brüder in der Nähe sind, muss ich ein Frosch bleiben. Doch gib acht: Behalte mein Geheimnis für dich, und verliere bei niemandem ein Wort. Sage nichts, nicht deiner lieben Mutter und auch nicht deinen Brüdern. Andernfalls wird dich ein schlimmes Unglück ereilen!«

Jiannio versprach, das Geheimnis zu hüten, und ließ sie ziehen. Als am Abend seine Brüder wieder nach Hause kamen, und sich alle zu Tisch setzten, verschlug es ihnen die Sprache, denn zum ersten Mal nach vielen Tagen bekamen sie etwas Gutes zu essen. Und da ihnen das Essen, das ihnen der Jiannio gekocht hatte, so gut schmeckte, beschlossen sie, er solle fortan zu Hause bleiben und jeden Tag für sie kochen. Jiannio willigte ein, denn so würde er den Tag bei seiner Saba verbringen.

So kochten der Jiannio und die Saba Tag für Tag die köstlichsten Speisen und Jiannio war nicht mehr traurig, sondern voller Freude. Denn solange niemand anderes zugegen war, nahm die Saba ihre menschliche Gestalt an.

Seine Brüder merkten bald, dass er sich nicht mehr betrübte und sie begannen wieder, sich über ihn lustig zu machen.

»Du scheinst richtig glücklich zu sein, seitdem du daheim bei deinem Frosch bleiben darfst!«, spotteten sie. Sie sagten auch: »Kann es sein, dass du dich in den Frosch verliebt hast?«

An manchen Tagen fehlte wenig, und Jiannio hätte ihnen alles erzählt, aber er biss sich jedes Mal auf die Zunge, denn er wollte sein Versprechen halten. Da aber seine Brüder nicht davon abließen, ihn zu necken, rief er sie eines Abends zu sich und sagte ihnen:

»So, nun hört mir gut zu: Ich kann es nicht länger dulden, dass ihr mich verlacht, also werde ich euch gern erklären, was mich so glücklich macht.«

Die Brüder hörten gespannt zu.

»Ich bin nicht mehr allein«, fuhr Jiannio fort, »auch bin ich es nicht allein, der für euch kocht. Die schönste Frau der Welt, die an meiner Seite steht, geht mir dabei zur Hand!«

Die Brüder schüttelten sich vor Lachen, aber Jiannio rügte sie, sie sollen damit aufhören, und fuhr fort:

»Kommt heute gegen Mitternacht in meine Kammer. Hinter der Türe werdet ihr das Froschgewand der Saba finden, das sie abends ablegt. Nehmt diese Froschhaut und werft sie ins Feuer. So wird es sich nicht vermeiden lassen, dass ihr am nächsten Morgen die wahre Gestalt meiner Frau zu sehen bekommt!«

So geschah es auch. Die Brüder machten gegen Mitternacht ein Feuer im Herd und betraten leise Jiannios Zimmer. Und tatsächlich, hinter der Türe hing das Froschgewand der Saba. Sie nahmen es und warfen es ins Feuer. Als es die Flammen umhüllten, stieg Rauch auf und die Saba roch es. Da erschrak sie sehr und rannte aus dem Bett. Sie suchte nach ihrem Gewand, doch sie fand es nicht.

»Ach«, seufzte sie und sagte zum Jiannio: »Du hast mein Geheimnis verraten. Nun wisse, dass du selbst zu verschulden hast, was dir widerfahren wird.« Jiannio aber gab nichts auf ihre Worte.

Als am nächsten Morgen alle erwachten, nahm Jiannio die Saba an die Hand und stellte sie seiner Mutter und seinen Brüdern vor. Allesamt waren sie verwirrt und sprachlos. Sie hatten nie zuvor eine so schöne Frau gesehen, ein solch edles Kleid und eine solch anmutige Gestalt. Aber mit der Zeit gewöhnten sie sich an sie, und nach und nach verblasste auch all das Staunen über die Saba. Jiannios Schwägerinnen aber begannen sie nun zu neiden, und die Saba merkte es.

Eines Tages wollte die Saba den Schwägerinnen zeigen, wie gut sie sich darin verstand, Fische zu braten. Sie goss Öl in eine Pfanne und rief die Schwägerinnen zu sich. Da es keine Fische im Hause gab, fragten die Schwägerinnen:

»Wo sind nun die Fische, die du braten willst?«

»Ihr werdet es gleich sehen!« antwortete die Saba, und als das Öl heiß wurde, legte sie ihre Hand hinein, und sprach:

»Fünf Finger auf den Boden macht zehn Fische in der Pfanne!« und sofort erschienen in der Pfanne zehn frisch gebratene, duftende Fische.

»Das können wir auch!« sagten die zwei Schwägerinnen. Zunächst traute sich die Ältere die Sache zu:

»Fünf Finger auf den Boden macht zehn Fische in der Pfanne!« rief sie, und legte ihre Hand in das heiße Öl. Aber sie verbrannte sich übel und lief schreiend und weinend davon. Die jüngere Schwägerin lernte nichts aus der Erfahrung der älteren, und musste dasselbe erleiden. So kam die Zwietracht unter ihnen auf und die zwei Schwägerinnen suchten fortan nach Gründen, sich bei ihren Gatten über die Saba zu beschweren. Ihr Argwohn nahm von Tag zu Tag zu und auch ihr Neid wurde immer größer.

Eines Tages beschlossen sie, ihre Gatten anzustacheln und sie dazu zu bringen, das Geheimnis der Saba dem Fürsten zu verraten und sie als Hexe anzuzeigen. Ihr Fordern und Schimpfen wurde so unerträglich, dass endlich Jiannios Brüder zum Fürsten liefen und ihm alles erzählten.

Als der Fürst diese Geschichte um Jiannio und das Geheimnis der Saba hörte, ließ er nach den beiden rufen. Jiannio fürchtete den Fürsten und wunderte sich sehr darüber, dass er vorgeladen wurde, aber die Saba erinnerte ihn an das nicht gehaltene Versprechen und sagte zu ihm: »Das passiert uns alles nur, weil du mein Geheimnis verraten hast, und uns droht noch viel Schlimmeres!« Alles Fürchten half nichts, sie mussten gehorchen und vor dem Fürsten erscheinen.

Der Fürst fragte sie mit freundlicher Stimme, ob denn die Geschichten, die er von Jiannios Brüdern über die Saba und ihr Geheimnis gehört hatte, der Wahrheit entsprachen. Jiannio, der nun erfuhr, dass ihn seine Brüder an den Fürsten verraten hatten, betrübte sich sehr darüber, aber schon bald begann er zu reden und erzählte dem Fürsten die Geschichte der Saba. Der Fürst hörte sich die Geschichte in aller Ruhe ein zweites Mal an und betrachtete dabei die Saba, die ihm gut gefiel. So gut, dass er sich Gedanken darüber machte, sie an sich zu reißen.

Als Jiannio alles, was er zu sagen hatte, gesagt hatte, erhob sich der Fürst von seinem Stuhl und sprach:

»Es ist wohl wahr, deine Frau ist schön. Doch niemand soll sich eine solche Schönheit zur Frau nehmen, ohne sie auch zu verdienen. So musst du nun beweisen, dass du ihrer würdig bist, daher werde ich dich auf die Probe stellen. Was ich von dir verlange, wird nicht einfach zu beschaffen sein, aber ich will es haben, als Beweis deiner Eignung.«

Der arme Jiannio wartete gespannt auf die Prüfung. Und der Fürst sprach zu ihm mit lauter Stimme:

»Bringe mir zwei Reben, eine vom roten und eine vom weißen Wein, so ergiebig, dass ihr Most sämtliche Fässer meines Weinkellers zu füllen vermag! Sollte es dir aber innerhalb von drei Tagen nicht gelingen, so nehme ich mir die Saba zur Frau!«

Es fehlte nicht viel und Jiannio wäre in Ohnmacht gefallen, als er diese Worte vernahm. Doch was sollte er tun? Traurig trat er mit seiner Frau die Heimreise an. Er war sehr betrübt, denn er wusste beim besten Willen nicht, wo er diese Trauben herbekommen sollte, die so ergiebig waren, dass man mit ihrem Saft die Weinfässer des Fürsten würde füllen können. Die Saba aber freute sich über seinen Kummer, denn er hatte nicht auf sie gehört und ihr Geheimnis verraten.

Kaum zu Hause angekommen, fiel Jiannio vor Sorge krank ins Bett. Er wusste sehr wohl, dass er niemals die Reben finden würde, die der Fürst von ihm verlangte. Und so vergingen zwei Tage. Als am dritten Tag Jiannio immer noch keinen Ausweg sah, begann er zu heulen und seine Frau anzuflehen, sie möge ihm einen Weg weisen, wie er aus diesem Schlamassel wieder herauskommen sollte. Jene erinnerte ihn erneut an das nicht gehaltene Versprechen. Doch Jiannio flehte um Hilfe, weil er sich nicht vorstellen konnte, seine schöne Saba zu verlieren. Endlich, nachdem er lange gebettelt und um Nachsicht gefleht hatte, fühlte sie mit ihm. Sie sagte:

»Siehst du, nun, Jiannio, was mit dir geschieht, da du nicht auf mich gehört hast?« Und Jiannio weinte bittere Tränen, während sie so zu ihm sprach.

»Höre jetzt auf wie ein Kind zu weinen und höre mir gut zu.«

Jiannio rückte etwas näher, wischte sich die Tränen aus den Augen, und war schon sehr gespannt auf ihre Worte.

»Gehe an die Stelle, an der du mich fandest und rufe dreimal laut aus: ‚Mutter der Herrin!' Meine Mutter und meine Schwester werden sofort vor dir erscheinen. Bitte sie um die zwei Reben – eine von ihrem weißen und eine von ihrem roten Weinstock. Verliere keine Zeit und laufe damit zum Fürsten, doch gib acht, dass auf dem Weg dorthin keine einzige Weinbeere platzt.«

Jiannio konnte sein Glück nicht fassen und rannte aufs Feld, wo er die Saba einst gefunden hatte und rief dreimal laut aus: »Mutter der Herrin«, so wie es ihm seine Frau gesagt hatte. Und schon erschienen seine Schwiegermutter und seine Schwägerin. Beide waren sie wunderschön. Sie bewirteten ihn und freuten sich, dass die Saba gut aufgehoben war. Sie gaben ihm die Reben und wünschten ihm zum Abschied viel Glück.

Jiannio lief also mit den Reben in den Händen zum Fürsten. Auf dem Weg dahin aber wuchsen seine Zweifel immer mehr, und obwohl er sich noch gut an die Worte der Saba erinnern konnte, hielt er es nicht aus und zerdrückte eine Weinbeere. Im Nu quoll der Wein aus ihr und sprudelte wie ein Bach.

Jiannio war sich nun sicher, dass diese Trauben die Fässer des Fürsten füllen würden, und lief freudig weiter. Er kam zum Schloss und übergab die Reben und es wurden sämtliche Fässer des Fürsten mit Wein gefüllt.

Der Fürst aber begehrte die Saba zu sehr und ließ den Jiannio nicht einfach ziehen. Er rief ihn zu sich und sagte:

»Meine Fässer sind nun bis zum Rand gefüllt, doch das genügt mir nicht. Ich verlange von dir vierzig Eier, aus denen vierzig Hasen schlüpfen sollen!«

Jiannio erstarrte. Hasen, die aus Eiern schlüpfen sollen? Wie sollte das gehen? Das war doch unmöglich! Der Fürst aber ließ nicht davon ab:

»Bringst du mir nicht, wonach ich verlange, so wirst du die Saba eben nicht wieder sehen. Denn das wird dich den Kopf kosten!«, waren seine Worte.

Traurig nahm Jiannio wieder den Nachhauseweg und wusste weder ein noch aus.

»Geschieht mir nur recht«, sagte er sich immer wieder. »Hätte ich doch nur den Mund gehalten. Das passiert mir alles, weil ich mein Wort gebrochen habe.«

Zu Hause angekommen, begrüßte ihn die Saba und fragte, wie es ihm mit den Weinreben ergangen war. Sie stellte sich unwissend, obwohl sie ganz genau darüber im Bilde war, was vorgefallen war. Im Nu begann Jiannio wieder zu heulen und um Hilfe zu betteln, sie möge ihm doch beistehen und beim Auffinden der Eier, die der Fürst begehrte, zur Hand gehen. Erneut vergingen zwei Tage und Jiannio wusste weder ein noch aus. Am dritten Tag, endlich, erweichte sich die Saba und schickte ihn wieder zu ihrer Mutter und ihrer Schwester.

»Geh an die Stelle, an der du mich fandest und rufe dreimal aus: ‚Mutter der Herrin', so wie du neulich getan« sagte sie ihm. »Es werden wieder meine Mutter und meine Schwester vor dir erscheinen und von ihnen sollst du den Korb Eier verlangen, den sie aufbewahrt haben.«

Jiannio ließ sich das nicht zweimal sagen und schon bald war er auf dem Feld und kam an die Stelle, wo er die Saba gefunden hatte. Wieder rief er dreimal »Mutter der Herrin« und wieder wurde er willkommen geheißen. Er bekam den Korb mit den Eiern und sofort machte er sich auf, zum Fürsten zu laufen.

Doch auch diesmal war seine Neugier nicht zu bändigen. Also zerbrach er ein Ei und ein Hase sprang heraus und lief davon. Die Saba, die ihn aus dem Fenster beobachtet hatte, rief ihm zu: »Wie willst du nun zum Fürsten gehen? Er wird die Eier zählen und sobald er merkt, dass eines fehlt, wird dich das den Kopf kosten.«

Und wieder begann Jiannio zu weinen, denn daran hatte er nicht gedacht, als er das Ei zerbrach, und wieder flehte er um Hilfe. Trotz solcher Einfalt ließ sich die Saba erneut erweichen und gab ihm nun folgenden Rat:

»Sobald du zum Fürsten kommst, stellst du dir selbst ein Bein und lässt die Eier allesamt auf den Boden fallen. Sie werden alle auf einmal platzen, und die Hasen daraus werden wild durcheinander springen. So wird es niemandem gelingen, sie zu zählen.«

So geschah es auch: Als Jiannio vor dem Fürsten erschien, stolperte er über seine eigenen Füße, die Eier fielen zu Boden und platzten, und aus ihnen sprangen die Hasen und liefen wild hin und her, sodass es niemandem gelang, sie zu zählen.

Aber noch bevor Jiannio sein Glück fassen konnte, verlangte der Fürst nach einer dritten Sache.

»Ich suche nach einem Männlein, eine Handbreit groß, mit ellenlangem Bart und mächtig wie eine Hundertschaft. Bring es mir, und mehr will ich von dir nicht verlangen.«

Und Jiannio trat wieder den Weg nach Hause an, betrübt darüber, dass wieder Unmögliches von ihm gefordert wurde. »Er will mir nur meine Frau wegnehmen«, sagte er sich immer wieder, und der Weg kam ihm endlos vor. Als er mit Mühen nun endlich angekommen war, wollte er niemanden sehen. Und auf seine Brüder hegte er einen großen Groll. Wie konnten sie ihm so viel Unglück bereiten, wo er ihnen doch nur sein Geheimnis anvertraut hatte?

Die Saba, die ihn kommen hörte, und sich daran machte, ihn zu begrüßen, bemerkte sofort seinen Kummer. Jiannio erzählte ihr die Geschichte und was der Fürst nun haben wollte.

»Da wundert es mich, dass du überhaupt wieder nach Hause gelaufen bist«, sagte sie zu ihm. »Warum bist du nicht gleich ins Verlies gegangen? Denn eine solch absonderliche Sache kann unmöglich aufgetrieben werden.«

Jiannio hatte mit so einer Antwort nicht gerechnet, also begann er wieder zu heulen und zu betteln. Je mehr er heulte, umso mehr ärgerte das die Saba, und sie rügte ihn. Immer und immer wieder erinnerte sie ihn an seinen Ungehorsam.

Doch nach und nach vollzog sich im Jiannio ein Wandel. Ganz von selbst spürte er, wie er in seinem Inneren wieder Mut fasste. Er erhob sich, wischte sich die Tränen aus den Augen und mit ruhiger Stimme sprach er zu ihr:

»Es ist wahr, ich habe dein Geheimnis verraten, und ein letztes

Mal bitte ich dich um Vergebung. Doch jetzt ziehe ich los und gehe zum Fürsten und stelle mich ihm. Soll er mich doch für den Rest meines Lebens einsperren lassen. Wonach er verlangt, kann ich ihm nicht beschaffen.«

Diese beherzten Worte rührten die Saba, denn von ihrem Mann, den sie für einen Feigling hielt, hätte sie solchen Mut nicht erwartet. Nicht nur erklärte sie sich nun dazu bereit, ihm zu helfen, sondern sagte auch zu ihm: »Diesmal werde ich mit dir kommen.«

Sie liefen aufs Feld zu dem Busch, wo er sie einst gefunden hatte, und die Saba rief nach ihrer Mutter und ihrer Schwester. Jene eilten freudig herbei und empfingen sie, die sie so lange nicht gesehen hatten.

Die Saba nannte ihnen den Grund für ihren Besuch. Dann ging sie an den Schrank, zog an einer Schublade und holte ein kleines Kästchen hervor. Sie öffnete es, und ein Männlein sprang heraus. Es war winzig und hatte einen langen Bart, der es fast völlig verhüllte, denn dieser Bart hatte genau die Länge, die der Fürst gefordert hatte. Jiannio sprang vor Freude in die Luft, als er das Männlein mit dem langen Bart sah. Er streckte die Hand aus und griff danach, als wollte er sich davon überzeugen, dass es echt war und kein Püppchen. Sofort ging das Männlein auf ihn los und begann ihn zu verdreschen. Es schlug ihn, mal hierhin, mal dorthin, wo es den Jiannio nur erwischen konnte. Bis Mutter und Töchter dessen gewahr wurden, hatte Jiannio eine mächtige Tracht Prügel erhalten. Er konnte sich nicht daran erinnern, jemals solche Schläge eingesteckt zu haben.

Die Saba rügte das Männlein und erklärte ihm, dass der Jiannio ihr Gatte sei. Dann sagte sie zu ihm, dass sie seiner Hilfe bedurften. Das Männlein, stets seiner Herrin zu Diensten, wollte hören, was es zu tun gab. Da sprach die Saba:

»Heute noch gehen wir zum Fürsten. Sobald wir im Schloss sind, sollst du jeden verdreschen, der sich uns in den Weg stellt. Haben wir es bis zum Fürsten geschafft, prügelst du auf ihn ein, bis er es einsieht, endlich von uns abzulassen und uns in Zukunft nicht mehr zu behelligen!«

So geschah es. Als sie das Schloss betraten, stellen sich die Wächter ihnen in den Weg, aber das Männlein tat, wie die Saba befohlen hatte. Es drosch auf Wächter und Hofstaat ein, und alle rannten nur davon, um sich zu verstecken. Endlich erreichten sie den Thronsaal. Als der Fürst sie sah, erschrak er sehr, denn er hätte gewiss nicht damit gerechnet, dass sie die Wachen ungehindert passieren würden. Als er aber das Männlein sah, verschlug es ihm endgültig die Sprache, denn er hätte nie geglaubt, dass es existierte. Nur, der Fürst war sehr eigensinnig, und da er nicht wissen konnte, was ihn erwartete, befahl er seinen Leibwächtern, Jiannio und das Männlein sofort in den Kerker zu werfen. Die Saba aber sollten sie auf den Thron neben den seinigen führen, so wie es dieser Schönheit eben gebührte.

Die Saba und Jiannio mit dem Männlein auf der Schulter schritten auf den Fürsten zu. Sie forderten, er solle endgültig von ihnen ablassen, doch der Fürst wollte davon nichts hören. Da war einfach nichts zu machen.

Da sprang das Männlein auf den Fürsten und begann, wie es seine Herrin befohlen hatte, auf ihn einzudreschen. Es schlug ihn mal hierhin, mal dorthin, wo es ihn eben gerade erwischte. Auch wer sich übermütig daran versuchte, dem Fürsten zur Hilfe zu eilen, wurde nicht im Geringsten verschont:

Das Männlein drosch ohne Erbarmen auf jeden ein, der sich ihm in den Weg stellte, und keiner konnte es abwehren. Nicht einmal die bärenstarken Leibwächter konnten den Fürsten vor dem Männlein verteidigen. Und jener wusste vor Schreck und Schmerz weder ein noch aus. Noch nie hatte es jemand gewagt, ihn anzugreifen, und nun sah er sich und seine ganze Truppe von einem Winzling geschlagen. Sowie er nun die Schläge einstecken musste, flehte er bei der Saba und dem Jiannio um Erbarmen und versprach, sie nie wieder zu behelligen. Nur sollten sie das Männlein zurückrufen und rasch davonziehen.

Da rief die Saba das Männlein zurück und jenes sprang mit einem Satz auf Jiannios Schulter. Der Fürst ließ eine goldene Kutsche vorfahren und ließ sie ziehen. Er überließ ihnen in seiner Todesangst auch viele Goldstücke und machte ihnen reiche Geschenke.

Das Paar machte sich freudig auf den Weg und fuhr nach Hause, wo schon alle auf sie warteten. Dort begann ein großes Fest und die Brüder, die den Jiannio an den Fürsten verraten hatten, baten ihn um Vergebung. Auch rief man die Mutter und die Schwester der Saba herbei. Die Frauen, die vormals wie die Saba verwünscht und nun Dank der Prüfungen des Jiannio ihre menschliche Gestalt behalten durften, warfen ihr Froschgewand weg und rannten freudig los, um ihre Tochter und ihre Schwester und den Jiannio zu umarmen, der, wie der Zufall es wollte, ihr Retter geworden war.

So erfüllte sich die Weissagung von Jiannios Mutter, dass ihn eines Tages alle um seines Glückes wegen beneiden würden. Not und Schrecken, die der Jiannio erleiden musste, waren nun vergessen, und so lebten sie glücklich und erfreuten sich an allem, was im Leben gut und schön ist.

Η Μαριγούλα

Μια φορά κι έναν καιρό ζούσαν σ' ένα μακρινό νησί ένας βασιλιάς με τη γυναίκα του και τη μονάκριβη και πεντάμορφη κόρη τους, που τη λέγαν Μαριγούλα. Η Μαριγούλα μεγάλωνε χαρούμενη κι ευτυχισμένη στο παλάτι των γονιών της. Όσο όμορφη ήταν, τόσο ήταν και καλόψυχη. Πάντα βοηθούσε τους φτωχούς, σεβόταν τους υπηρέτες και ήταν υπάκουη απέναντι στους γονείς της και στους διδασκάλους της. Η μεγαλύτερη χαρά της ήταν να βρίσκεται στο δάσος, να περπατάει με τις ώρες και να καμαρώνει τα ζώα και τα πουλιά που τόσο πολύ αγαπούσε.

Με τις φίλες της πήγαινε συχνά στο δάσος. Έπαιζαν, έτρεχαν πέρα-δώθε, γελούσαν. Τάιζαν τα μικρά κι αβοήθητα ζωάκια, καμάρωναν κι άκουγαν τα πουλάκια που τιτίβιζαν με τη γλυκιά τους φωνή και πετούσαν από κλωνάρι σε κλωνάρι. Όλα αυτά η Μαριγούλα τα ευχαριστούσε στον παντοδύναμο Δημιουργό και δεν έπαυε να πιστεύει σ' αυτόν.

Έτσι περνούσαν τα χρόνια ξέγνοιαστα και χαρούμενα. Η Μαριγούλα μεγάλωνε και γινόταν όλο και πιο όμορφη. Η ομορφιά και η καλοσύνη της δεν άργησαν να γίνουν γνωστές σ' όλα τα βασιλόπουλα τού κόσμου, κι έτσι γρήγορα άρχισαν να καταφτάνουν οι προξενητάδες από παντού. Όλα τα πριγκιπόπουλα που έρχονταν στις δεξιώσεις τού βασιλιά την ερωτεύονταν.

Αλλά, η Μαριγούλα, με τα δεκαεφτά τα χρόνια της, ένιωθε πολύ νέα για να κάνει οικογένεια. Ούτε ήθελε να διακόψει το σχολείο της. Έπρεπε να μάθει πολλά ακόμη και όταν έφτανε σε ωριμότερη ηλικία και το αποφάσιζε, θα διάλεγε το βασιλόπουλο τής καρδιάς της. Γι' αυτό λοιπόν τώρα τραγουδώντας και γελώντας με τις προξενιές, τάιζε το παπαγαλάκι της και μιλούσε μαζί του και κορόιδευε.

Μια μέρα η Μαριγούλα πήρε το κέντημα της, κάθισε στο μπαλκόνι της, όπως συνήθιζε, κι άρχισε να κεντάει με την παρέα των πουλιών που πετούσαν από δω κι από κει κελαηδώντας τον χαρούμενο σκοπό τους. Για μια στιγμή, όμως, κάτι άλλαξε: Τα πουλάκια δεν κελαηδούσαν πια, παρά μιλούσαν με ανθρώπινη φωνή. Η Μαριγούλα τα έχασε μόλις άκουσε τα πουλιά. Της μιλούσαν και της έλεγαν:

«Μαριγούλα, Μαριγώ, κι αν κεντάς κι αν δεν κεντάς, πεθαμένο άντρα θα πάρεις».

Η Μαριγούλα σάστισε. Ήταν αλήθεια αυτά που άκουγε; Τα πουλιά να μιλούν σαν άνθρωποι; Και μάλιστα να της προμηνύουν άντρα πεθαμένο; Απίστευτα της φαίνονταν όλα αυτά. Αλλά τα πουλάκια συνέχιζαν:

«Μαριγούλα, Μαριγώ, κι αν κεντάς κι αν δεν κεντάς, πεθαμένο άντρα θα πάρεις».

Οι φωνές τους όλο και δυνάμωναν και όλο πιο πολύ ανησυχούσαν την πριγκίπισσα. Όμως, προσπάθησε να μην δώσει μεγάλη σημασία και να τα ξεχάσει.

Την άλλη μέρα, όταν πάλι βγήκε με το κέντημα της στο μπαλκόνι και ξεκίνησε το εργόχειρο της, άρχισαν πάλι τα πουλιά, τώρα πιο επίμονα, να της λένε:

«Μαριγούλα, Μαριγώ, κι αν κεντάς κι αν δεν κεντάς πεθαμένο άντρα θα πάρεις».

Κάθε μέρα τα πουλιά είχαν τον ίδιο σκοπό, κι έτσι η Μαριγούλα δεν ήθελε άλλο να βγαίνει στο μπαλκόνι. Τα πουλιά που κάποτε τα αγαπούσε, τώρα δεν ήθελε ούτε να τα βλέπει. Κλείστηκε λοιπόν στο δωμάτιο της, και τα δάκρυα δεν στέγνωναν στα μάτια της. Έκλαιγε, μόνον έκλαιγε, διότι όλα είχαν αλλάξει. Η ζωή της όλη.

Τόσο πολύ τη λύπησαν τα πουλάκια με αυτά που της έλεγαν, που απομακρύνθηκε κι από τις φίλες της. Δεν έβγαινε άλλο στο δάσος από φόβο, μήπως κι εκεί τα πουλιά της προμηνύσουν τα ίδια.

Οι γονείς της και όλοι οι άλλοι στο παλάτι δεν μπορούσαν να ερμηνεύσουν την αλλαγή της βασιλοπούλας. Τι ήταν αυτό που είχε αλλάξει έτσι τη συμπεριφορά της; Ούτε οι γιατροί τού παλατιού δεν μπορούν να κάνουν τίποτα. Η Μαριγούλα κλεισμένη και πικραμένη περνούσε τις μέρες της μόνη. Η μητέρα της την παρακαλεί να μάθει, τι της συμβαίνει, μήπως μπορέσει και τη βοηθήσει. Η Μαριγούλα, όμως, δεν φανερώνει το μυστικό της. Αλλά η βασίλισσα που ανησυχούσε πολύ για την αγαπημένη κόρη της, δεν έλειπε από κοντά της και δεν έπαυε να την παρακαλεί να της πει, για ποιο λόγο ήταν τόσο θλιμμένη.

Τότε η Μαριγούλα με δάκρυα στα μάτια διηγήθηκε στη μητέρα της τι είχε συμβεί με τα πουλιά. Η βασίλισσα δεν μπορεί να πιστέψει αυτά που της λέει η κόρη της, κι έτσι καλεί όλους τους γιατρούς να εξετάσουν τη Μαριγούλα, μήπως και τρελάθηκε. Μα οι γιατροί καθησύχασαν τη βασίλισσα, επειδή δεν διαπίστωσαν ούτε την παραμικρή αλλαγή στο λογικό τής κόρης της. Η Μαριγούλα που ένιωθε την ανησυχία τής μητέρας της, έλεγε με παράπονο:

«Δεν έπαθα τίποτα μητέρα, πίστεψε με, είναι αλήθεια αυτά που σου λέω. Αλλά, αν δεν με πιστεύεις, έλα αύριο μαζί μου, και κρύψου πίσω από την πόρτα μου για να ακούσεις η ίδια τα πουλιά».

Έτσι κι έγινε. Η Μαριγούλα βγήκε με το κέντημα της, και η βασίλισσα κρυμμένη περίμενε να δει τι θα συμβεί. Μόλις η Μαριγούλα άρχισε το εργόχειρο της, έφτασαν τα πουλιά και πετώντας από δω κι από κει άρχισαν και πάλι να της λένε:

«Μαριγούλα Μαριγώ, αν κεντάς κι αν δεν κεντάς, πεθαμένο άντρα θα πάρεις. Έλειψες μέρες από το μπαλκόνι, μα το παλικάρι σε περιμένει να το ξυπνήσεις!».

Η Μαριγούλα τότε έτρεξε με κλάματα στην αγκαλιά τής μητέρας της να βρει παρηγοριά. Και η μητέρα βασίλισσα, που η φωνές και τα λόγια των πουλιών αντήχησαν σα βροντή στα αυτιά της, έμεινε άφωνη. Χωρίς να μπορεί να βγάλει μιλιά αγκάλιασε την κόρη της. Έτσι έκλαψαν και οι δυο απαρηγόρητα.

Όταν μετά από λίγο έμαθε και ο βασιλιάς και όλοι στο παλάτι τι συνέβη, κανείς δεν μπόρεσε να δώσει εξήγηση για όσα έγιναν. Αλλά, ο βασιλιάς για να τις παρηγορήσει, μάνα και κόρη, διέταξε να καλέσουν με τελάληδες αμέσως τριανταεννιά κορίτσια με το όνομα τής κόρης του στο παλάτι. Ίσως αυτό να μπέρδευε τα πουλιά και ίσως έπαυαν πια ν' απευθύνονται στη δική του Μαριγούλα.

Έτσι κι έγινε: Μαζεύτηκαν τα τριανταεννιά κορίτσια με τ' όνομα Μαριγούλα και την άλλη κιόλας μέρα βγήκαν στο μπαλκόνι με τα κεντήματά τους. Ο βασιλιάς και η βασίλισσα παρακολουθούσαν πίσω από την πόρτα τι θα συνέβαινε. Μόλις τα κορίτσια άρχισαν με τραγούδια το κέντημα, τα πουλιά πέταξαν πάλι και πέρασαν μπροστά τους λέγοντας:

«Μαριγούλα, Μαριγώ, πριγκίπισσα, αν κεντάς κι αν δεν κεντάς, κι αν ο βασιλιάς μάζεψε τα κορίτσια για να γελαστούμε, εσύ θα πάρεις πεθαμένο άντρα».

Αμέσως σίγησε το τραγούδι των κοριτσιών και σαστισμένα κοιτούσαν το ένα το άλλο. Αυτά που άκουγαν, τους φαίνονταν απίστευτα. Τα πουλιά να μιλάνε...

Η Μαριγούλα ξέσπασε σε λυγμούς κι έτρεξε στους γονείς της που δεν ήξεραν πώς να την παρηγορήσουν και πώς να παρηγορηθούν και οι ίδιοι. Το μήνυμα των πουλιών λύπησε όλους στο παλάτι γιατί όλοι αγαπούσαν τη Μαριγούλα για την ευγένεια και την καλοσύνη της. Αλλά, ο βασιλιάς έμεινε ψύχραιμος. Προσπαθώντας να παρηγορήσει την κόρη του που κρεμασμένη στην αγκαλιά τής μητέρας της έκλαιγε ασταμάτητα, διέταξε να πάνε όλοι μαζί έναν περίπατο στο δάσος. «Για να μπορέσουν έστω για λίγο να ξεχάσουν τα πουλιά».

Ξεκίνησαν λοιπόν όλα τα κορίτσια με χαρά, και κάνοντας αστεία για να ενθαρρύνουν τη Μαριγούλα, πήραν τον δρόμο για το δάσος. Μα, με τα γέλια και τα αστεία προχώρησαν πολύ, και κάποτε, χωρίς να το καταλάβουν, χάθηκαν μέσα στο πυκνό δάσος. Απομακρύνθηκαν αρκετά από το παλάτι, μέχρι που βρέθηκαν μπροστά σ' έναν πύργο.

Όλοι τα έχασαν μόλις αντίκρισαν τον πύργο που μέχρι τότε δεν είχαν ξαναδεί. Αλλά, από περιέργεια αποφάσισαν να ανοίξουν τη βαριά σιδερένια πύλη τού πύργου για να δουν πιο μυστήριο κρυβόταν πίσω της. Άρχισαν, λοιπόν, να σπρώχνουν με τη σειρά η καθεμιά από τις κοπέλες για να δουν ποια απ' όλες θα κατόρθωνε να ανοίξει την πύλη. Μα εκείνη έμενε ατάραγη. Ήρθε και η σειρά τής Μαριγούλας να δοκιμάσει, και τότε η πύλη άνοιξε μεμιάς!

Ξεφωνητά χαράς αντήχησαν στο δάσος και όλοι μαζί προχώρησαν να μπουν στον πύργο. Πρώτη μπήκε η Μαριγούλα, μα πριν προλάβει να περάσει κανείς άλλος μέσα, η πύλη έκλεισε πίσω της με μεγάλο θόρυβο, κι έτσι παγίδεψε τη Μαριγούλα μέσα κι άφησε όλους τους άλλους απ' έξω.

Άρχισε να φωνάζει η Μαριγούλα από μέσα, φώναζαν και οι άλλοι απ' έξω, έσπρωχναν όλοι μαζί να ανοίξουν την πύλη, πάλι και πάλι με όλη τους τη δύναμη, τραβούσε και η Μαριγούλα από μέσα, μα η σιδερένια θύρα έμενε ατάραγη και οι κόποι τους ήταν μάταιοι. Έτσι πέρασε η μέρα και άρχισε να νυχτώνει. Οι βασιλείς και οι τριανταεννιά κοπέλες πήραν σαστισμένοι και τσακισμένοι το δρόμο τού γυρισμού. Μόλις έφτασαν στο παλάτι, ο βασιλιάς διέταξε το στρατό του να πάει και να σπάσει την πύλη τού παράξενου πύργου, μα ο πύργος δεν βρέθηκε και όσο κι αν έψαξαν οι οπλίτες του, ούτε τον πύργο βρήκαν, ούτε τη Μαριγούλα. Όλο το παλάτι έπεσε τότε σε βαθιά θλίψη και οι βασιλείς ήταν απαρηγόρητοι.

Φοβισμένη η Μαριγούλα, ωστόσο, είχε προχωρήσει στο εσωτερικό τού πύργου. Μπήκε σε πολλά, μεγάλα και πλούσια στολισμένα δωμάτια. Μα άνθρωπος δεν φαινόταν πουθενά. Όλα ήταν νεκρά. Έτσι προχωρούσε κι άνοιγε μια-μια τις πόρτες από τις κάμαρες και τα δωμάτια. Όλα ήταν γεμάτα χρυσαφικά και στρωμένα με πλούσια και περίτεχνα υφαντά.

«Ποιος να φροντίζει άραγε για όλα αυτά;» αναρωτήθηκε η Μαριγούλα και συνέχισε να ψάχνει μέχρι που έφτασε στο τελευταίο δωμάτιο. Όταν άνοιξε αυτήν την τελευταία πόρτα αντίκρισε ένα πεθαμένο παλικάρι, που έμοιαζε βασιλόπουλο, πλαγιασμένο σε χρυσό κρεβάτι. Πάνω από το κρεβάτι βρισκόταν στον τοίχο μια χρυσή επιγραφή που έλεγε:

«Είναι μαγεμένος. Όποιος κλάψει σαράντα μέρες και σαράντα νύχτες, θα σώσει το παλικάρι, που είναι πριγκιπόπουλο, και μαζί του όλο το παλάτι. Είναι στοιχειωμένο εδώ κι εκατοντάδες χρόνια από κακιά μάγισσα που έθεσε αυτόν τον όρο. Αν είναι κοπέλα θα γίνει γυναίκα του. Αν άλλος, μικρός ή μεγάλος, θα ανταμοιφθεί με χρυσό και θα γίνει σπουδαίο πρόσωπο τού παλατιού».

Η Μαριγούλα καμάρωνε το βασιλόπουλο και δεν χόρταινε να το κοιτάζει. Τότε ένιωσε μέσα της τον έρωτα για το πεθαμένο βασιλόπουλο, έσκυψε και το φίλησε. Και στη μνήμη της ήρθαν τα πουλιά που της έλεγαν «σε περιμένει να τον σώσεις».

«Καλό μου βασιλόπουλο» του ψιθύρισε, «η μοίρα μου μ' έφερε κοντά σου, και τα πουλάκια προμήνυσαν ότι θα πάρω έναν πεθαμένο για άντρα μου. Έτσι εγώ θα κλάψω για να λύσω τα μάγια που σου έκαναν».

Γονάτισε, λοιπόν, δίπλα του κι άρχισε να τον κλαίει. Έκλαιγε νύχτα και μέρα κι έτσι πέρασαν σαράντα νύχτες και τριανταεννιά μέρες. Την τελευταία μέρα, τη μέρα που θα ξυπνούσε το βασιλόπουλο, ο πύργος ξαναεμφανίστηκε με θόρυβο στο δάσος. Άνοιξαν οι πύλες του και μια τσιγγάνα, που περνούσε από κει και πουλούσε κόσκινα, πέρασε μέσα και μπήκε στον πύργο. Την ξάφνιασε η ησυχία που επικρατούσε.

«Δεν είναι άραγε κανείς εδώ;» αναρωτήθηκε. Προχώρησε στα δωμάτια φωνάζοντας να πουλήσει τα κόσκινα της κι έφτασε και στο δωμάτιο, όπου βρισκόταν το πεθαμένο βασιλόπουλο. Είδε τη Μαριγούλα να κλαίει, κι έκανε να φύγει, γιατί φοβήθηκε, μα τότε έπιασε το μάτι της την επιγραφή στον τοίχο και καθώς ήταν πονηρή, πλησίασε τη Μαριγούλα.

«Πόσες νύχτες κλαις κόρη μου;» τη ρώτησε. Η Μαριγούλα χωρίς να πονηρευτεί της απάντησε:

«Σαράντα νύχτες και τριανταεννιά μέρες, σήμερα είναι η τελευταία μέρα».

«Θα είσαι πολύ κουρασμένη» είπε τότε η πονηρή τσιγγάνα. «Έλα, πάρε κάτι να φας και πέσε να κοιμηθείς, εγώ θα σε ξυπνήσω μόλις πάει να νυχτώσει».

Η κουρασμένη Μαριγούλα πίστεψε τα λόγια της, ξάπλωσε δίπλα στο βασιλόπουλο κι αποκοιμήθηκε αμέσως. Η τσιγγάνα τότε, ξέροντας πως είχαν μείνει λίγες ώρες μέχρι να λυθούν τα μάγια, άρχισε να κλαίει με λυγμούς από τη χαρά για την καλή της τύχη, γιατί δεν είχε σκοπό να ξυπνήσει τη Μαριγούλα. Έτσι πέρασε η τεσσαρακοστή μέρα και τα μάγια λύθηκαν. Το βασιλόπουλο ξύπνησε και όλος ο πύργος ζωντάνεψε και γέμισε υπηρέτες, αυλικούς, ζώα και πουλιά.

Το βασιλόπουλο αγκάλιασε με χαρά την τσιγγάνα, γιατί πίστεψε πως αυτή τον έσωσε, αλλά ξαφνικά αντίκρισε τη Μαριγούλα δίπλα του και η ομορφιά της τον μάγεψε.

«Ποια είναι αυτή η κοπέλα;» ρώτησε την τσιγγάνα. Εκείνην τη

στιγμή ξύπνησε η Μαριγούλα, μα πριν προλάβει να αποκριθεί, η τσιγγάνα φώναξε:

«Μια περαστική που ζητάει βοήθεια!»

Το βασιλόπουλο χαιρέτησε τότε με μεγάλη ευγένεια τη Μαριγούλα, και της πρότεινε να μείνει στον πύργο. Η Μαριγούλα σάστισε από την ομορφιά και την ευγένεια τού βασιλόπουλου, αλλά κι από το ψέμα τής τσιγγάνας. Τα είχε πολύ χαμένα για να πει κάτι, κι έτσι παρέμεινε «η περαστική που ζητάει βοήθεια».

Δέχτηκε να μείνει στο παλάτι κι έλπιζε πως κάποτε θα μάθαινε το βασιλόπουλο την αλήθεια. Έτσι άρχισαν οι ετοιμασίες για τον γάμο τού βασιλόπουλου και τής τσιγγάνας. Το βασιλόπουλο σκεφτόταν πολύ τη Μαριγούλα, δεν μπορούσε όμως να κάνει αλλιώς, γιατί έπρεπε να εκπληρώσει την υπόσχεση τής επιγραφής.

Οι ετοιμασίες για τον γάμο είχαν ξεκινήσει κι έφτασε και η μέρα για το βασιλόπουλο να προμηθευτεί τα δώρα για όσους ζούσαν στο παλάτι, καθώς και το νυφικό τής τσιγγάνας. Έτσι, ζήτησε από όλους στο παλάτι να του εκφράσουν τις επιθυμίες τους πριν ξεκινήσει για το ταξίδι του στην πολιτεία τού γειτονικού νησιού. Όλοι ήρθαν κι έδωσαν τις παραγγελίες τους, μόνο η Μαριγούλα έμεινε στην κάμαρά της. Το βασιλόπουλο, που δεν την είδε μέσα στο πλήθος, και που επιθυμούσε πολύ να τη συναντήσει, διέταξε να τη φωνάξουν και ζήτησε την παραγγελία της.

«Τίποτα δεν θέλω, βασιλιά μου» του απάντησε, αλλά το βασιλόπουλο επέμενε, μέχρι που η Μαριγούλα τού είπε: «Αυτό που θα σου ζητήσω να μου φέρεις, βασιλιά μου, δεν είναι ούτε πλούσια φορεσιά, ούτε εκλεκτό έδεσμα. Δώσε μου όμως το λόγο σου πως θα το θυμηθείς, γιατί αν τύχει κι από τις πολλές σκοτούρες το ξεχάσεις, θα σηκωθεί μεγάλη τρικυμία και φουρτούνα στη θάλασσα και δεν θα μπορέσεις να επιστρέψεις στο βασίλειό σου».

Το βασιλόπουλο έδωσε την υπόσχεση και ζήτησε ανυπόμονο να μάθει την παραγγελία της, που αν την ξεχνούσε, ως και η θάλασσα θα τον τιμωρούσε Τότε αυτή του είπε:

«Θέλω να μου φέρεις την πέτρα που σκοτώνει, το μαχαίρι που σφάζει και την τριχιά που πνίγει».

Απορημένο τότε το βασιλόπουλο για την παράξενη παραγγελία τής Μαριγούλας, ξεκίνησε μαζί με την τσιγγάνα για το ταξίδι που θα τον έφερνε στην πολιτεία στο κοντινό νησί. Σ' όλη τη διαδρομή σκεφτόταν την παράξενη παραγγελία της, και ήθελε οπωσδήποτε να ευχαριστήσει την κοπέλα.

Όταν έφτασαν στην πολιτεία, έκαναν τα ψώνια τού γάμου. Αγόρασαν και το ποιο όμορφο νυφικό για την τσιγγάνα, και φρόντισαν να μην ξεχάσουν την παραγγελία κανενός. Πάνω όμως στη σκοτούρα του να εκπληρώσει όλες τις επιθυμίες, το βασιλόπουλο ξέχασε την παραγγελία τής Μαριγούλας. Μόλις έβαλαν πλώρη, για να επιστρέψουν στον πύργο, σηκώθηκε τρικυμία, δυνατός άνεμος και φουρτούνα και τότε το βασιλόπουλο θυμήθηκε τα λόγια τής Μαριγούλας.

Επέστρεψε, λοιπόν, αμέσως στην πολιτεία και ψώνισε την πέτρα, το μαχαίρι και την τριχιά. Τότε ο άνεμος κόπασε, η θάλασσα ηρέμησε, κι έτσι επέστρεψαν σώοι στον πύργο. Όλοι έτρεξαν να παραλάβουν τα δώρα τους με χαρά, μα πάλι η Μαριγούλα δεν φάνηκε. Και πάλι τη φώναξαν να έρθει να πάρει τα παράξενα δώρα της.

Το βασιλόπουλο, όμως, ήταν σίγουρο ότι κάποιο μυστήριο έκρυβε αυτή η ιστορία, έτσι, μόλις απομακρύνθηκε η Μαριγούλα, την ακολούθησε και στάθηκε κάτω από το παράθυρό της, για να την παρακολουθήσει.

Μα τι να δει και τι ν' ακούσει: Η Μαριγούλα πήρε το μαχαίρι, το έβαλε στο λαιμό της, κι άρχισε να μιλάει με τα αντικείμενα: «Μαχαίρι μου σε ρωτώ, και πες μου τι να κάνω. Να σφαγώ, να μη σφαγώ;»

«Να μη σφαγείς!» της απάντησε το μαχαίρι. «Το βασιλόπουλο που σου μήνυσαν τα πουλάκια θα γίνει άντρας σου κι ας τον γέλασε η τσιγγάνα πως αυτή τον έκλαψε. Κάποτε η αλήθεια θα φανερωθεί!»

Αφήνει το μαχαίρι και παίρνει την πέτρα και τη ρωτάει. Και από την πέτρα τα ίδια ακούει. Παίρνει τότε την τριχιά: «Πες μου τριχιά, να κρεμαστώ;»

«Να μην κρεμαστείς. Τον άντρα που σου μήνυσαν τα πουλιά θα τον πάρεις κι ας είπε ψέματα η τσιγγάνα».

Άφησε τότε τα αντικείμενα στο κρεβάτι της κι άρχισε να κλαίει. Δεν μπορούσε να πάρει καμία απόφαση, μόνον έκλαιγε με γερμένο το κεφάλι. Το βασιλόπουλο κοίταζε κρυφά από το παράθυρο και τα είχε χαμένα με αυτά που άκουγε κι έβλεπε, και δεν μπορούσε να πιστέψει στα αυτιά του. Αλλά και η χαρά του ήταν μεγάλη, που η γυναίκα που τον έκλαψε, δεν ήταν η τσιγγάνα. Έφυγε χωρίς να φανερωθεί. Και χωρίς να πει σε κανέναν τίποτα, αποφάσισε να ξαναπάει και την επομένη κάτω από το παράθυρο τής Μαριγούλας, για να βεβαιωθεί, ότι αυτά που άκουσε δεν ήταν όνειρο.

Έτσι έκανε και την άλλη μέρα, την ίδια ώρα: πήγε και στάθηκε κάτω από το παράθυρο, και πάλι η όμορφη Μαριγούλα μίλησε με τα ίδια λόγια στα άψυχα. Και πάλι εκείνα της απάντησαν πως το βασιλόπουλο αυτήν θα παντρευτεί κι ας τον είχε γελάσει η τσιγγάνα. Και πάλι ξέσπασε σε λυγμούς η Μαριγούλα.

Καθώς έκλαιγε με το κεφάλι ακουμπισμένο στο τραπέζι, δεν άκουσε που άνοιξε η πόρτα και που κάποιος μπήκε μέσα. Εκείνος την πλησίασε και την ακούμπησε στον ώμο. Όταν σήκωσε τα μάτια της έμεινε άφωνη. Τι να ήθελε άραγε το βασιλόπουλο, που έστεκε δίπλα της, από αυτήν; Εκείνος, χωρίς να χάσει καιρό κι επειδή ένιωσε το σάστισμα της, της είπε, ότι τα άκουσε όλα από το ανοιχτό παράθυρο και την ευχαριστούσε τώρα που χάρη στο δικό της κλάμα νίκησε τον θάνατο και ήταν στη ζωή.

Τη βεβαίωσε ότι αυτή θα ήταν η μέλλουσα βασίλισσα και όχι η άσχημη τσιγγάνα. που λέγοντας ψέματα λίγο έλειψε να του στερήσει την ευτυχία. Πιασμένοι, λοιπόν, χέρι-χέρι αναγγέλλουν σ' όλους το χαρούμενο μήνυμα. Η τσιγγάνα, όμως, μόλις το άκουσε χάθηκε πριν προλάβουν να τη ρίξουν στη φυλακή για το μεγάλο ψεύδος.

Αμέσως οι τελάληδες ανάγγειλλαν τα χαρούμενα νέα στους γονείς τής Μαριγούλας που από τη μεγάλη τους λύπη για τον χαμό τής αγαπημένης και μονάκριβης κόρης τους είχαν μαραζώσει απαρηγόρητοι. Το μήνυμα ότι η κόρη τους ζει και πρόκειται να παντρευτεί, τους φάνηκε απίστευτο σαν όνειρο.

Ξεκίνησαν, λοιπόν, την ίδια κιόλας ώρα για τον πύργο που είχαν χάσει την κόρη τους. Εκεί τους περίμενε η Μαριγούλα με το βασιλόπουλο που σε λίγο θα γινόταν άντρας της, όπως της το είχαν προμηνύσει τα πουλιά.

Βασιλείς και κόρη με δάκρυα χαράς αγκαλιασμένοι χαίρονται τη συνάντηση, που σ' όλους φαίνεται σαν ψέμα. Δίπλα στέκει το βασιλόπουλο που κι αυτό περιμένει να χαιρετίσει τους βασιλείς, τα πεθερικά του.

Ο γάμος τής Μαριγούλας με το βασιλόπουλο κράτησε σαράντα μέρες και σαράντα νύχτες, η ευτυχία τους όμως κράτησε μια ολόκληρη ζωή, μέχρι τα βαθιά γηρατειά τους.

Marijula

Es waren einmal in einem fernen Inselreich ein König und eine Königin und ihre geliebte und wunderschöne Tochter, genannt Marijula. Marijula wuchs glücklich im Schlosse auf und aus ihr wurde bald eine junge Frau. So schön sie war, so gütig war sie auch. Denn sie erwies sich den Armen gegenüber stets großzügig, war freundlich zu den Dienstboten, und sie hörte auf ihre Eltern und ihre Lehrer.

Ihre größte Freude war es in den Wald zu gehen, dort lange zu spazieren und die Tiere und Vögel, die sie so liebte, zu bestaunen. Auch war sie oft mit ihren Freundinnen im Walde. Sie spielten, liefen hin und her und lachten. Sie fütterten die kleinen, hilflosen Tiere und freuten sich über das Gezwitscher der Vögel, die von Ast zu Ast flogen. All dies, so war Marijula überzeugt, habe sie dem allmächtigen Schöpfer zu verdanken, an dessen Gegenwart sie ganz fest glaubte.

So verging die Zeit sorglos und voller Freude. Marijula wurde bald erwachsen und dabei mit jedem Tag schöner. Und so kam es, dass ihre Güte und Schönheit allen Prinzen auf der Welt weit über die Grenzen des Königreichs hinaus zu Ohren kam, und schon bald von überall her die Heiratsvermittler angereist kamen. Auch gab es kaum einen Prinzen, der sich bei den Empfängen des Königs nicht sogleich in sie verliebte.

Doch Marijula, die gerade siebzehn Jahre alt geworden war, fühlte sich noch viel zu jung, um an eine eigene Familie zu denken. Auch wollte sie nicht den Unterricht ihrer Lehrer entbehren. Sie hatte das Gefühl, noch viel lernen zu müssen. Erst später, und erst wenn sie es wirklich wollte, sollte sie sich für den Prinzen ihres Herzens entscheiden.

Also zog sie es jetzt lieber vor, schön zu singen und ihren kleinen Papagei zu füttern. Sie lachte nur über die Heiratsvermittlungen und machte sich über die Brautwerber lustig.

Eines Tages nahm Marijula wieder ihren Stickrahmen in die Hand und setzte sich auf ihren Balkon, wie sie es auch oft zuvor getan hatte. Umgeben von den Vögeln, die fröhlich zwitscherten und hin und her flogen, begann sie mit ihrer Stickerei.

Doch auf einmal wurde alles anders. Die Vögel zwitscherten nicht mehr, sondern sprachen zu ihr mit menschlicher Stimme. Marijula hörte sie und erstarrte. So sprachen sie und sangen traurig:

»Marijula, Marijula, ob du nun stickst oder es lässt, mit einem Toten wirst du dich vermählen.«

Als sie diese Worte vernahm, erschrak die junge Prinzessin sehr. Konnte es wirklich sein, was sie da hörte? Vögel, die wie Menschen sprachen und ihr einen toten Gemahlen weissagten? Das kam ihr alles recht sonderbar vor! Doch die Vögelchen ließen nicht davon ab und sangen immerzu:

»Marijula, Marijula, ob du nun stickst oder es lässt, mit einem Toten wirst du dich vermählen«.

Ihre Stimmchen wurden immer lauter und ihre Worte stürzten die Prinzessin in tiefe Sorge. Doch dann fasste sie wieder Mut, beschloss einfach, nicht mehr hinzuhören und alles zu vergessen.

Auch am nächsten Tag, als sie wieder auf ihren Balkon ging und mit ihrer Stickerei begann, dauerte es nicht lange und die Vögel fingen wieder an, nur diesmal noch eindringlicher, ihr zu sagen: »Marijula, Marijula, ob du nun stickst oder es lässt, mit einem Toten wirst du dich vermählen.«

Tag für Tag sangen ihr das die Vögel, bis Marijula nicht mehr auf den Balkon gehen wollte. Und von den Vögeln, die sie bis dahin so gut leiden mochte, wollte sie nun auch nichts mehr wissen. Sie schloss sich in ihr Zimmer ein und ihre Tränen flossen unaufhörlich. So weinte sie und weinte, denn nichts war mehr wie zuvor. Ihr ganzes Leben hatte sich gewandelt. Sie war so verstört, dass sie sich auch von ihren Freundinnen zurück zog. Sie ging auch nicht mehr in den Wald, aus Sorge, auch dort könnten ihr die Vögel dieselbe Zukunft weissagen.

Niemand im Schloss, auch nicht ihre Eltern, konnten sich einen Reim auf die Veränderung der Prinzessin machen. Wie sollte man sich dieses Betragen erklären? Nicht einmal die Ärzte hatten eine Antwort darauf und konnten auch nichts dagegen ausrichten. Marijula schloss sich ein und verbrachte bitter und einsam den

Tag.

Die Königin bat oft darum zu erfahren, was die Prinzessin so betrübte und wie sie ihr helfen könne. Doch Marijula gab ihr Geheimnis nicht preis. Die Königin aber, die sich um ihre liebe Tochter sorgte, wich von nun an nicht von ihrer Seite und ließ nicht davon ab, nachzufragen, was ihre Tochter so verstört haben mochte. Endlich brach Marijula ihr Schweigen, und mit Tränen in den Augen berichtete sie ihrer Mutter, was geschehen war. Die Königin traute ihren Ohren nicht. Gleich holte sie die Ärzte herbei, sie sollten nach ihrer Tochter sehen, nicht, dass sie am Ende noch von Sinnen sei! Doch die Ärzte beruhigten sie, denn sie konnten an Marijulas Verstand nicht das Geringste aussetzen. Marijula, welche die Sorgen ihrer Mutter fühlte, meinte nur bekümmert:

»Ich bin nicht verrückt, Mutter, glaube mir, ich sage dir die Wahrheit. Komme morgen in mein Zimmer und verstecke dich hinter der Türe, so wirst auch du die Vögel hören.«

Und so geschah es: Sobald Marijula am nächsten Morgen den ersten Nadelstich tat, eilten die Vögel herbei und flogen hin und her und begannen wieder zu singen:

»Marijula, Marijula, ob du nun stickst oder es lässt, mit einem Toten wirst du dich vermählen. Du hast dich lange nicht sehen lassen, doch dein Prinz wartet darauf, von dir erlöst zu werden.«

Die arme Marijula lief mit Tränen in den Augen zu ihrer Mutter, um sich von ihr trösten zu lassen, und die Königin, die dies alles nicht fassen konnte, umarmte sprachlos ihre Tochter. So begannen sie nun beide untröstlich zu weinen. Als nach einiger Zeit das ganze Schloss und auch der König davon erfahren hatten, was vor sich ging, sah sich niemand im Stande, für das seltsame Geschehen eine Erklärung zu finden.

Der König befahl nun, man solle sofort Boten hinausschicken und um die Vögel zu verwirren, nach neununddreißig jungen Frauen mit dem Namen seiner Tochter suchen. Und man fand sie. Neununddreißig junge Frauen, alle mit Namen Marijula, begaben sich schon am nächsten Morgen mit ihren Stickrahmen auf den Balkon. Der König und die Königin versteckten sich hinter der

Türe und beobachten das Geschehen.

Als die jungen Frauen singend mit ihrer Stickerei begannen, kamen die Vögel wieder herbei, flogen hin und her und zwitscherten:

»Marijula, Marijula, Prinzessin, ob du nun stickst oder es lässt, mit einem Toten wirst du dich vermählen, selbst wenn der König uns beirren will.«

Sofort verstumme der Gesang der jungen Frauen und entsetzt sahen sie einander an. Was sie da hörten, kam ihnen unglaublich vor! Vögel, die redeten!

Marijula brach in Tränen aus und rannte zu ihren Eltern, die weder ihre Tochter noch sich selbst zu trösten wussten. Die Botschaft der Vögel stürzte das ganze Schloss in Trauer, denn schließlich liebten alle ihre Marijula, die so freundlich und gutherzig war.

Was sollte da der König nur machen? Um nicht als Taugenichts dazustehen und auch um seiner Tochter, die immer noch im Schoße ihrer Mutter lag und immerzu weinte, irgendwie zu helfen, beschloss er, dass alle gemeinsam einen Ausflug in den Wald machen sollten.

»So können wir vielleicht eine Weile lang diese Vögel vergessen!«, waren seine Worte.

Also gingen die jungen Frauen, die immer für einen Ausflug zu haben waren, freudig voran und nahmen den Weg in den Wald in der Hoffnung, mit diesem Marsch die arme Marijula aufzumuntern. Doch sie liefen viel zu weit in den dichten Wald hinein, bis sie sich darin verirrten. Sie kamen vom Weg ab und entfernten sich sehr weit vom Schloss, bis sie an eine Burg kamen.

Alle waren sie sehr erstaunt, denn von einer solchen Burg im Walde hatten sie bis dahin nichts gehört. Ihre Neugier aber war groß, und sie beschlossen sogleich, das schwere Eisentor der Burg zu öffnen, um herauszufinden, welches Geheimnis sich dahinter wohl verbergen mochte. So begannen die jungen Frauen gegen das Tor zu drücken, eine nach der anderen, um zu sehen, welcher von ihnen es gelingen würde, es aufzubekommen. Doch das Tor regte sich nicht. Endlich war auch Marijula an der Reihe, es zu versuchen, und das Tor öffnete sich sogleich!

Ein freudiges Geschrei ging durch den Wald und die Frauen machten sich daran in die Burg zu laufen. Als erstes wagte sich Marijula hinein. Doch noch bevor ihr jemand folgen konnte, fiel das Tor mit lautem Gepolter hinter ihr zu und sperrte Marijula in die Burg, während alle anderen draußen blieben. Da rief sie von drinnen um Hilfe, die anderen riefen ihr von draußen zu, alle versuchten sie mit ganzer Kraft das Tor wieder zu öffnen, aber es regte sich nicht und ihre Mühen waren vergebens.

So verging der Tag und es wurde Nacht. Das Königspaar und die neununddreißig jungen Frauen nahmen verstört und erschöpft den Weg zurück ins Schloss. Dort angekommen befahl der König seinen Kriegern, die Burg aufzusuchen und das Tor aufzubrechen, doch weder die Burg, noch Marijula wurde wieder gefunden, so sehr man auch danach gesucht hatte. Das ganze Schloss fiel in tiefe Trauer und das Königspaar war untröstlich.

Inzwischen war Marijula, wenn auch verängstigt, so doch ein Stück weit in das Innere der Burg gelaufen. Sie betrat viele große und reich geschmückte Räume. Doch nirgends fand sich ein Mensch. Alles erschien ihr wie tot. Sie lief weiter und öffnete eine Tür nach der anderen. In allen Kammern gab es viel Gold und alles war mit kunstvollen Teppichen ausgelegt.

»Wer sich wohl um all dies kümmert?«, fragte sich Marijula. Endlich kam sie an die letzte Türe. Als sie auch diese öffnete, sah sie einen jungen Mann, der reglos auf einem goldenen Bett lag. Über dem Bett war ein Spruchband gezogen und auf dem Band stand geschrieben:

»Wer diesen Prinzen vierzig Tage und vierzig Nächte lang beweint, wird ihn erretten und mit ihm diese Burg zum Leben erwecken. Verwünscht von einer bösen Zauberin liegt er hier seit Hunderten von Jahren. Ist sein Retter eine junge Frau, wird er sie sich zur Gemahlin nehmen, ist es jemand anderes, jung oder alt, so wird er reich entlohnt werden und zu großen Ehren gelangen.«

Marijula konnte kaum ihre Augen von diesem Prinzen abwenden. Und in jenem Moment fühlte sie in ihrem Innern die Liebe zum toten Prinzen aufkeimen, sie beugte sich über ihn und küsste ihn. Da fielen ihr die Vögel ein, die ihr gesagt hatten: »Er wartet darauf, dass du ihn erlöst!«.

»Mein lieber Prinz«, flüsterte sie, »das Schicksal führte mich zu dir, und die Vögel weissagten mir, ich würde mich mit einem Toten vermählen. Also werde ich für dich weinen und den Bann brechen.«

Sie kniete an seiner Seite und begann ihn zu beweinen. Sie weinte Tag und Nacht, und so vergingen vierzig Nächte und neununddreißig Tage.

Am vierzigsten Tag, dem Tag, an dem der Prinz erwachen sollte, erschien die Burg mit großem Getöse wieder im Walde. Das Tor sprang auf und eine Landstreicherin, die Mehlsiebe verkaufte und zufällig vorbeikam, spazierte hinein und lief in der Burg herum. Sie war sehr erstaunt über die Stille darin und fragte sich: »Ist denn niemand da?« Sie betrat jedes Zimmer in der Hoffnung doch noch eines ihrer Siebe an jemanden verkaufen zu können. So kam sie bald auch in das Zimmer des Prinzen. Sie sah, wie Marijula weinte, und wollte sich gleich wieder davon machen, doch da fiel ihr Blick auf das Spruchband und da sie nicht unklug war, näherte sie sich der Königstochter.

»Wie lange weinst du schon, mein Kind?« fragte sie. Marijula, die nichts Böses ahnte, antwortete:

»Schon vierzig Nächte und neununddreißig Tage, heute ist der letzte Tag …«

»Du wirst sicher sehr müde sein«, sagte da die listige Landstreicherin, »komm, nimm dir was zu essen, und leg dich schlafen, ich will an deiner Stelle ein Weilchen weinen und werde dich wecken, sobald es dunkel wird.«

Die erschöpfte Marijula glaubte diesen Worten, legte sich neben den Prinzen und schlief sofort ein. Die Landstreicherin aber, wohl wissend, dass es nicht mehr lange dauern konnte, bis der Bann gebrochen würde, begann zu schluchzen und zu heulen. Sie weinte vor Freude über so viel Glück, denn sie hatte nicht vor, Marijula zu wecken. So verging auch der vierzigste Tag und der Bann war gebrochen. Der Prinz öffnete die Augen und die Burg erwachte zum Leben, füllte sich mit Menschen, Edelleuten, Tieren und Vögeln.

Der Prinz umarmte freudig die Landstreicherin, denn er glaubte, sie habe ihn errettet, doch dann sah er Marijula, die neben ihm lag, und ihre Schönheit bezauberte ihn.

»Wer ist dieses Mädchen?«, fragte er die Landstreicherin. In diesem Moment erwachte Marijula aus dem Schlaf und wollte etwas erwidern, doch schon antwortete die Landstreicherin für sie: »Nichts weiter, nur eine Wanderin, die ein Lager sucht.«

Der Prinz grüßte Marijula höflich und bot ihr an, in seiner Burg Zuflucht zu finden. Und Marijula, der es wegen der Schönheit des Prinzen, aber auch wegen der Dreistigkeit der Landstreicherin die Sprache verschlagen hatte, blieb »eine Wanderin, die ein Lager sucht«.

Sie nahm also das Angebot an, in der Burg zu bleiben, in der Hoffnung, der Prinz würde eines Tages die Wahrheit erfahren.

Bald schon begannen die Vorbereitungen für die Hochzeit des Prinzen und der Landstreicherin. Der Prinz dachte oft an Marijula, aber er konnte nicht anders, als sich mit der Landstreicherin zu vermählen, denn er war verpflichtet, das Versprechen auf dem Spruchband einzulösen.

Während also die Vorbereitungen in vollem Gange waren, machte sich der Prinz daran, Geschenke für alle Bewohner der Burg und auch das Brautkleid zu besorgen. Er ließ verkünden, alle mögen ihn ihre Wünsche wissen lassen, bevor er sich auf die Reise in das benachbarte Inselreich begebe, um dort alle Besorgungen zu erledigen. Alle kamen herbei und gaben ihre Wünsche kund, nur Marijula blieb in ihrer Kammer. Der Prinz, der sie nicht unter der Menge ausfindig machen konnte, aber sich so sehr wünschte, sie wiederzusehen, befahl, man möge sie herbeirufen. Sobald sie vor ihm erschienen war, fragte er sie nach ihren Wünschen.

»Ich begehre nichts, mein König«, antwortete sie ihm, doch der Prinz ließ nicht davon ab nachzufragen, bis sie endlich zu ihm sagte:

»Was ich von dir verlange, mein König, ist weder edles Kleid noch feine Speise, doch nimm es dir fest vor und versprich mir, dass du es auch in der schlimmsten Not nicht vergessen wirst. Denn solltest du es nicht beschaffen, wird ein Sturm auf See dich daran hindern, wieder in dein Königreich zu segeln.«

Der Prinz versprach alles und verlangte ungeduldig danach, den Wunsch zu hören, welcher von solcher Wichtigkeit zu sein schien, dass selbst das Meer ihn strafen würde, sollte er ihn vergessen.

»Bring mir einen Stein, einen Dolch und einen Strick, mit dem man sich erschlagen, erstechen und erhängen kann.«

Sehr erstaunt über diesen seltsamen Wunsch begab sich nun der Prinz in Begleitung seiner Zukünftigen in die Stadt auf der nahe gelegenen Insel. Während der ganzen Überfahrt dachte er über Marijulas merkwürdige Worte nach. Und er wollte ihr den Wunsch auf jeden Fall erfüllen.

In der Stadt angekommen, machten sie ihre Einkäufe. Sie kauften das schönste Brautkleid für die Landstreicherin, und kümmerten sich sehr darum, nicht einen einzigen aufgegebenen Wunsch unerfüllt zu lassen. Doch im steten Bemühen, für alle das Gewünschte zu finden, vergaß der Prinz Marijulas Geschenk. Als sie wieder auf dem Schiff waren und die Segel setzten, kam ein Sturm auf, und der Prinz erinnerte sich an Marijulas Worte und daran, was passieren würde, sollte er ihren Wunsch vergessen. Er lief also zurück in die Stadt und beschaffte den Stein, den Dolch und den Strick, mit dem man sich erschlagen, erstechen und erhängen kann.

Sofort ließ der Sturm nach, das Meer beruhigte sich und alle kamen unversehrt nach Hause.

Alle Bewohner der Burg liefen freudig herbei, um ihre Geschenke abzuholen, doch auch diesmal war Marijula nicht unter ihnen. Und wieder musste man nach ihr rufen, damit sie komme und ihre fremdartigen Geschenke in Empfang nehme.

Der Prinz vermutete längst, dass die ganze Geschichte ein Geheimnis barg. Kaum hatte sich Marijula wieder entfernt, folgte er ihr und trat heimlich an ihr Fenster, um ihr Geheimnis aufzudecken.

Was er da zu sehen und zu hören bekam, erstaunte ihn sehr:

Marijula nahm den Dolch in ihre Hand, führte ihn an ihre Brust und sprach: »Mein Dolch, sage mir, was ich tun soll. Soll ich mich selbst töten?«

»Tue es nicht!«, sprach der Dolch. »Denn der Prinz, der von der Landstreicherin belogen wurde, wird dein Gemahl, so wie es dir die Vögel geweissagt hatten! Eines Tages kommt die Wahrheit ans Licht.«

Sie ließ den Dolch fallen, und nun nahm sie den Stein und stellte wieder ihre Frage. Doch auch vom Stein hörte sie dieselben Worte. Zuletzt nahm sie den Strick in die Hand: »Sage mir, Strick, soll ich mich erhängen?«

»Du sollst dich nicht erhängen. Der Prinz wird dein Gemahl, wie es dir die Vögel geweissagt hatten, selbst wenn die Landstreicherin ihn belogen hat.«

Da ließ sie von den Sachen ab und begann zu weinen. Sie wusste keinen Rat mehr und sah keinen Ausweg. Der Prinz, der sie durch das Fenster beobachtet und alles gesehen und gehört hatte, traute weder seinen Augen noch seinen Ohren. Doch sein Herz war voller Freude darüber, dass die Frau, die ihn erlöst hatte, nicht die hässliche Landstreicherin, sondern die schöne Marijula war. So ging er wieder, bevor sie ihn bemerken konnte.

Ohne irgendjemandem das Geringste zu verraten, beschloss er, am nächsten Tag wieder an ihr Fenster zu treten, als wolle er sich vergewissern, dass alles, was er gesehen und gehört hatte, kein Traum gewesen war. So begab er sich zur gleichen Stunde an Marijulas Fenster und wieder redete Marijula zu den leblosen Dingen, die erneut zu ihr sprachen und ihr versicherten, dass der Prinz ihr Gemahl werden würde.

Marijula neigte wieder den Kopf und weinte. Und da sie weinte, hörte sie nicht, wie jemand in ihr Zimmer trat. Er kam an ihre Seite und berührte sanft ihre Schulter. Sowie sie den Prinzen sah, verstummte sie. Was wollte der Prinz, der plötzlich neben ihr stand? Der Prinz aber, der ihre Verwunderung nur zu gut verstanden hatte, beeilte sich, ihr alles zu offenbaren. Dass er alles mitgehört habe, als er am Fenster stand und dass er ihr unendlich danke. Schließlich hatte ihr Weinen sein Leben gerettet und den

Tod besiegt. Er versicherte ihr, nur sie würde die zukünftige Königin an seiner Seite sein und nicht die hässliche Landstreicherin, die mit Lug und Trug beinahe sein Glück verhindert hätte.

Hand in Hand gingen sie also freudig los und verkündeten allen die frohe Botschaft. Die Landstreicherin bekam bald Wind davon und flüchtete aus Furcht, am Ende noch im Gefängnis zu landen.

Boten überbrachten Marijulas Eltern die frohen Neuigkeiten. Jene hatten sich bereits vor Kummer über den Verlust ihrer geliebten Tochter aufgegeben und waren untröstlich. Um so mehr erschien ihnen die Nachricht, dass sie lebe und nun bald einen Prinzen heiraten werde, wie ein wunderbarer Traum.

Sie machten sich gleich auf den Weg in den Wald, an die Stelle, wo sie lange zuvor ihre Tochter verloren hatten. Marijula erwartete sie Seite an Seite mit dem Prinzen, der ihr Gemahl werden sollte, so wie es auch die Vögel geweissagt hatten. Eltern und Tochter fielen sich in die Arme, weinten vor Freude und feierten das Wiedersehen. Daneben stand der Prinz, der nur darauf wartete, seine zukünftigen Schwiegereltern, das Königspaar, zu begrüßen.

Die Hochzeit der Marijula ging ganze vierzig Tage und vierzig Nächte, doch ihr Glück währte ein ganzes Leben lang.

Η βασιλοπούλα με το φίδι στην κοιλιά

Μια φορά κι έναν καιρό ζούσαν ένας βασιλιάς και μια βασίλισσα μαζί με την πεντάμορφη κόρη τους, που ήταν ξακουστή σ' όλη τη χώρα, τόσο για την ομορφιά της, όσο και για την καλοσύνη και την εξυπνάδα της. Οι βασιλείς ήταν πολύ ευχαριστημένοι, και όλοι αγαπούσαν τη βασιλοπούλα.

Έτσι περνούσαν τα χρόνια χαρούμενα, μέχρι που κάποια μέρα η βασίλισσα αρρώστησε βαριά και πέθανε. Ο βασιλιάς και η κόρη του απαρηγόρητοι για τον χαμό τής βασίλισσας, έμειναν μόνοι. Όμως παρ' όλη τη δυστυχία η ζωή συνεχίζεται, κι έτσι ο βασιλιάς ξαναπαντρεύτηκε και πήρε για γυναίκα του μια χήρα αρχόντισσα...

Μα αυτή είχε κακιά ψυχή, όπως και οι δύο άσχημες και σκληρόκαρδες κόρες της, που ήταν στην ηλικία τής βασιλοπούλας. Από την πρώτη στιγμή μίσησαν την καλή και όμορφη πριγκίπισσα, όσο καλά και αν τις φερόταν. Πάντα σκληρές κι αχάριστες, ζητούσαν αιτίες για να την ταπεινώσουν. Και πάντα κάτι έβρισκαν. Ο βασιλιάς, όμως, δεν μάθαινε τίποτα από όλα αυτά, επειδή η κόρη του, για να μην τον στενοχωρήσει, δεν του παραπονιόταν για την συμπεριφορά τής μητριάς και των παραδερφών της. Εκείνες, αντίθετα, όλο και κάτι έβαζαν με το νου τους για το κακό της, επειδή τις είχε κυριεύσει η ζήλια και είχε φωλιάσει μέσα τους η κακία. Ήξεραν, πως όλοι αγαπούσαν την πριγκίπισσα, και πως όλοι μιλούσαν γι' αυτή θαυμάζοντας την ομορφιά της, την καλοσύνη και την εξυπνάδα της, ενώ γιά τις ίδιες, τις κακές και άσχημες, κανείς δεν ήθελε να μιλάει.

Έτσι, η ζήλια τους όλο και μεγάλωνε. Άδικα φορούσαν τα ακριβότερα και το πιο φανταχτερά φορέματα προσπαθώντας να φανούν οι πιο όμορφες στους χορούς και τις δεξιώσεις τού παλατιού. Η βασιλοπούλα πάντα έστρεφε την προσοχή όλων και τα βλέμματα τού θαυμασμού πάνω της.

Κάποια μέρα ο βασιλιάς ξεκίνησε την μεγάλη του περιοδεία στο βασίλειο. Έφυγε μόνος, χωρίς τη μητριά, διότι εκείνη έκανε την άρρωστη, για να μην τον ακολουθήσει. Όταν έμειναν μόνες, η μητριά και οι κόρες της, κατέστρωσαν ένα ύπουλο σχέδιο.

Στα υπόγεια τού παλατιού υπήρχε ένα κελί, κρύο και σκοτεινό, χωρίς παράθυρο και κρεβάτι. Μόνον μια βρύση βρισκόταν στο κελί. Όταν έβρεχε, η βρύση έφερε νερό, μα όποιος έπινε το βρόχινο νερό από τη βρύση αυτή, έπινε μαζί και φίδι που παρέσερνε η βροχή.

Σ' αυτό το κελί σχεδίαζαν οι τρεις κακές γυναίκες να ρίξουν τη βασιλοπούλα, που δεν τις είχε φταίξει σε τίποτα. Φωνάζει λοιπόν η βασίλισσα δυο υπηρέτες και τους διατάζει να ρίξουν τη βασιλοπούλα στο σκοτεινό κελί.

«Μας είναι αδύνατο να κάνουμε τέτοιο κακό στην καλή μας πριγκίπισσα!» είπαν εκείνοι σαστισμένοι.

Έξαλλη τότε η βασίλισσα τούς απείλησε πως θα τους συκοφαντούσε στο βασιλιά, πως εκείνος θα τους τιμωρούσε σκληρά και θα τους αποκεφάλιζε! Έντρομοι οι υπηρέτες πήραν με βαριά καρδιά τη βασιλοπούλα και την οδήγησαν σ' εκείνο το υπόγειο. Με δάκρυα τούς παρακαλούσε η βασιλοπούλα να την αφήσουν ελεύθερη. Τους σφιχταγκάλιαζε και τους παρακαλούσε, μα γρήγορα κατάλαβε, πως η μητριά ήταν εκείνη που διέταζε τώρα που έλειπε ο πατέρας της. Κλαίγοντας οι υπηρέτες τής έλεγαν για τις απειλές τής κακιάς μητριάς και πως δεν μπορούσαν να παραβούν τις διαταγές της.

«Κάνε υπομονή καλή μας πριγκίπισσα. Με την πρώτη ευκαιρία θα σε ελευθερώσουμε» της υποσχέθηκαν πριν τη ρίξουν στο κελί.

Της έδωσαν τα λίγα σκεπάσματα και τα λίγα τρόφιμα, που διέταξε η κακιά μητριά και κλείδωσαν τη βαριά σιδερένια πόρτα. Έτσι έμεινε η βασιλοπούλα μόνη στο σκοτάδι με μελανά μάτια από το κλάμα.

«Πότε θα έρθει ο πατέρας μου», έλεγε, «γιατί να πεθάνει η μητέρα μου;» και τα δάκρυα της έτρεχαν βροχή.

Πέρασαν μέρες χωρίς νερό. Τα λίγα τρόφιμα που είχε, ψωμί και σαρδέλες αλμυρές, τέλειωσαν κι αυτά. Η δίψα της έγινε ανυπόφορη. Με κλάματα και προσευχές παρακαλεί να βρέξει, να φέρει η βρύση νερό, να πιει να ξεδιψάσει, κι ας έπινε μαζί και φίδι. Έτσι κι έγινε. Εκείνην τη νύχτα κιόλας έβρεξε καταρρακτωδώς, η βρύση έφερε νερό και η βασιλοπούλα ήπιε το νερό χωρίς να σκεφτεί τα μετέπειτα. Γέμισε και μερικά πήλινα δοχεία που ήταν πεταμένα στην άκρη τού κελιού για να έχει να πίνει και αργότερα, όμως το κακό είχε ήδη γίνει: το σχέδιο τής κακιάς μητριάς δρομολογήθηκε, επειδή η βασιλοπούλα το φίδι το είχε πιεί.

Οι μέρες περνούσαν, μα κανείς δεν ήρθε να ελευθερώσει την πριγκίπισσα γιατί η κακιά μητριά κρατούσε τα κλειδιά τού κελιού. Κατέβαινε όποτε ήθελε η ίδια στο κελί κι άνοιγε την πόρτα για να πετάξει της παρακόρης της λίγο ψωμί και αλμυρές σαρδέλες κοροϊδεύοντας τη και γελώντας με τα χάλια της.

«Τώρα μόνο τις κόρες μου όλοι προσέχουν!» έλεγε γελώντας.

Την παρακαλεί η βασιλοπούλα, μα τα δάκρυά της δεν συγκινούν την κακιά γυναίκα που χαρούμενη κλείνει πίσω της την πόρτα. Εβδομάδες περνούν, το φίδι μεγαλώνει, μεγαλώνει και η κοιλιά τής κοπέλας, που τώρα μοιάζει σαν να περιμένει παιδί. Όσο μεγαλώνει η κοιλιά, τόσο και χαίρεται και η κακιά μητριά, αν και το σχέδιό της δεν περατώθηκε ακόμα.

Πέρασαν μήνες και γύρισε ο βασιλιάς από το μακρινό ταξίδι του. Όλοι στο παλάτι τον υποδέχτηκαν με χαρά, έτσι και η γυναίκα του με τις κόρες της. Ο βασιλιάς παραξενεύτηκε που δεν είδε την αγαπημένη του κόρη και ο νους του πήγε αμέσως στο κακό, μήπως είχε πάθει τίποτα, μήπως ήταν άρρωστη.

«Πού είναι η κόρη μου;» ρώτησε. «Γιατί δεν ήρθε να με δει;»

Κανείς όμως από όσους γνώριζαν την αλήθεια δεν τόλμησε να μιλήσει. Μόνο η μητριά είπε:

«Βασιλιά μου και άντρα μου, η κόρη σου δεν έπαθε κακό, μη φοβάσαι λοιπόν. Μόνο έκανε η ίδια πράγμα τρομερό».

Ο βασιλιάς ζήτησε να μάθει ποιο κακό θα μπορούσε να είχε κάνει η καλή του κόρη. Όταν του είπε η βασίλισσα πως η κόρη του περίμενε παιδί, δεν μπορούσε να το χωνέψει. Ήταν απίστευτο, και ήταν μεγάλη ντροπή, αν πράγματι συνέβαινε κάτι τέτοιο.

«Πώς μπόρεσε να κάνει τέτοιο πράγμα;» ξεφώνισε. «Πρέπει να τιμωρηθεί και η τιμωρία θα είναι ο θάνατος!»

Σ' αυτήν την τιμωρία υπολόγιζε και η κακιά μητριά κι αυτός ήταν ο σκοπός της. Ο βασιλιάς που ακόμα δεν τολμούσε να πιστέψει όσα άκουσε, ζήτησε να δει την κόρη του, και όταν την είδε, ένοιωσε ένα χτύπημα σαν μαχαίρι στην καρδιά. Τότε ξεφώνισε παρ' όλη την αγάπη που έτρεφε ως τότε γι' αυτήν:

«Πάρτε την από τα μάτια μου, δεν μπορώ να τη βλέπω μπροστά μου, θανατώστε την και φέρτε μου ένα ποτήρι από το αίμα της να πιω! Ίσως έτσι ξεχάσω τη ντροπή που μου έδωσε».

Άδικα προσπαθούσε η βασιλοπούλα να μιλήσει στο βασιλιά που με κλάματα απελπισίας φώναζε:

«Πατέρα άκουσε με, στάσου κι άκουσέ με, δεν σε ντρόπιασα! Δεν θέλω να νιώθεις ντροπή για μένα. Είναι αδικία μεγάλη, είναι ψέμα, άκουσε με για λίγο!»

Αλλά ο πικραμένος βασιλιάς και πατέρας τής γύρισε τις πλάτες, και όσο και αν άλλοτε αγαπούσε την κόρη του, εκείνην τη στιγμή ένιωθε μόνο μίσος γι' αυτήν. Δεν ήθελε να ακούσει τίποτα. Τού έφτανε αυτό που έβλεπε.

Η βασιλοπούλα απελπισμένη και με μεγάλη θλίψη, που ο πατέρας της δεν θέλησε ούτε καν να ακούσει τι είχε να του πει, ξέσπασε σε λυγμούς και φώναζε:

«Πατέρα, δεν ακούς τις φωνές μου και τα κλάματα μου δεν σε συγκινούν; Δε θέλεις να μάθεις αυτά που θα σου πω; Δεν είναι αλήθεια πίστεψε με, σε παρακαλώ, μην φεύγεις, μείνε κι άκουσε με και ύστερα θανάτωσέ με με τα ίδια σου τα χέρια!»

Μα ούτε τα κλάματα ούτε η φωνές της συγκινούσαν τον πικραμένο πατέρα που απομακρυνόταν χωρίς να θέλει να γυρίσει το βλέμμα πίσω του. Όσο και να πονούσε η καρδιά του, η ντροπή του δεν τον άφηνε, κι έτσι μάταια φώναζε και ξαναφώναζε η βασιλοπούλα. Τότε απελπισμένη τον καταριέται:

«Μεγάλη αρρώστια να σε βρει, γιατρειά να μην έχεις! Το μεγαλοδέντρι να φυτρώσει στην καρδιά σου και να υψωθεί πιο ψηλά και από τη στέγη τού παλατιού σου. Όλος ο κόσμος και όλοι οι γιατροί που θα σε επισκεφτούν αδύναμοι θα σταθούν να σε γιατρέψουν. Μόνο εγώ θα είχα τη δύναμη να σε σώσω, μα εγώ θα είμαι νεκρή από δική σου διαταγή, επειδή πίστεψες τα ψεύδη τής μητριάς».

Δύο φρουροί έπιασαν τη βασιλοπούλα και την οδήγησαν στο δάσος. Την λυπούνταν και κλαίγανε μαζί της. Δεν άντεχαν ούτε και να το σκεφτούν να σκοτώσουν την καλή τους πριγκίπισσα. Έτσι προχωρούσαν και κοιτούσαν ο ένας τον άλλο σαν να ζητούσαν να βρουν κάποια λύση. Η βασιλοπούλα ένιωθε τη στενοχώρια τους και γι' αυτό τους είπε:

«Καλοί μου φρουροί, το βλέπω πόσο με λυπάστε, και ξέρω πως σας είναι αδύνατο να κάνετε αυτό που διέταξε ο πατέρας μου. Γιατί εσείς το ξέρετε ότι είμαι αθώα. Κόψτε το δάχτυλό μου και πηγαίνετε το αίμα που θα στάξει στον διψασμένο από μίσος πατέρα μου κι εγώ θα φύγω τόσο μακριά, που ποτέ δε θα μαθευτεί η αλήθεια και δεν πρόκειται να προδοθείτε!»

Έτσι οι φρουροί έκοψαν το δάχτυλό της, γέμισαν ένα μπουκαλάκι με το αίμα που έσταξε από την πληγή και το έφεραν στο βασιλιά. Ο βασιλιάς ήπιε το αίμα τής κόρης του σαν να ήταν κρασί. Κι από τότε και στο εξής ζούσε γεμάτος θλίψη για όσα είχαν συμβεί.

Η βασιλοπούλα προχωρούσε μέσα στο δάσος μέρα και νύχτα. Με κλάματα και με το φίδι στην κοιλιά, πεινασμένη και διψασμένη, χάθηκε στο δάσος. Μια νύχτα, πριν ξημερώσει, στάθηκε επιτέλους εξαντλημένη από την κούραση. Τότε φάνηκε μακριά ένα φως και η πριγκίπισσα πέταξε από τη χαρά της. Ξεκίνησε λοιπόν να βρει την καλύβα απ' όπου έφεγγε το φως. Όταν έφτασε, είδε ένα μικρό σπιτάκι κι άκουσε θόρυβο. Κοίταξε από το μικρό παραθυράκι και είδε μέσα δύο ξυλουργούς που δούλευαν. Χτυπάει την πόρτα και μπαίνει μέσα και χωρίς να χάσει καιρό τούς παρακαλεί να της φτιάξουν μια ξύλινη στολή. Οι ξυλουργοί τα έχασαν όταν είδαν την κοπέλα σ' εκείνην την ερημιά, μα πριν προλάβουν να ρωτήσουν ποια ήταν και τι ζητούσε, η κοπέλα τούς παρακαλεί και τους δείχνει τα φλουριά που θα τους έδινε αν έκαναν αυτό που ζητούσε.

«Είμαι μια διωγμένη και κυνηγημένη» τους είπε.

Οι ξυλουργοί όταν είδαν τα φλουριά δεν θέλησαν να μάθουν άλλα. Της έδωσαν να φάει και της πρότειναν να ξαπλώσει να κοιμηθεί και όταν θα ξυπνούσε, η στολή της θα ήταν έτοιμη. Έτσι κι έγινε. Όπως ήταν κουρασμένη η πριγκιποπούλα ούτε που κατάλαβε πότε την πήρε ο ύπνος. Όταν ξύπνησε, η στολή της ήταν έτοιμη. Έδωσε τα φλουριά στους τεχνίτες, φόρεσε τη στολή της, τους ευχαρίστησε, τους αποχαιρέτησε κι έφυγε με χαρά.

Τώρα πια δεν έβλεπε κανείς τη μεγάλη της κοιλιά κι έτσι αποφάσισε να βρει μια δουλειά για να βγάζει το ψωμί της. Άρχισε λοιπόν σ' όλες τις πολιτείες και τα χωριά από τα οποία περνούσε να ρωτάει για δουλειά, μα κανείς δεν εμπιστευόταν έναν ξύλινο άνθρωπο. Και όλοι κορόιδευαν και γελούσαν. Απογοητευμένη ρωτούσε εδώ κι εκεί, μέχρι που βρέθηκε μπροστά σ' ένα παλάτι. Πλησίασε και ρώτησε για δουλειά, μα κι εδώ όλοι γελούσαν μαζί της. Τι δουλειά θα μπορούσε να κάνει ένας ξύλινος άνθρωπος; Απελπισμένη κι απογοητευμένη γονάτισε κι άρχισε να κλαίει με λυγμούς και να παρακαλάει. Μόνον λίγο ψωμί και μια στέγη να κοιμηθεί ήταν αυτό που ζητούσε. Μα κανείς δεν τη λυπόταν.

Εκείνην τη στιγμή περνούσε το βασιλόπουλο με την άμαξα του και είδε τους υπηρέτες μαζεμένους να γελούν και να κοροϊδεύουν και πλησίασε να δει τι γινόταν. Όταν αντίκρισε τον ξύλινο άνθρωπο, πήγε να γελάσει, μα κρατήθηκε και ρώτησε τι ζητούσε.

«Δουλειά», του είπαν γελώντας.

«Τι δουλειά ξέρεις να κάνεις, καλέ μου άνθρωπε;» ρώτησε το βασιλόπουλο.

«Ό,τι δουλειά κι αν είναι!» απάντησε ο ξύλινος άνθρωπος. «Ξέρω να μαγειρεύω, να πλένω, και είμαι και καλός βοσκός!»

«Μάγειρα και πλύστρες έχουμε, αλλά βοσκός μας λείπει. Είναι άρρωστος ο βοσκός που βγάζει στη βοσκή τις γαλοπούλες και τις πάπιες. Αν θέλεις, μπορείς αμέσως να πάρεις τη θέση του!» είπε τότε το βασιλόπουλο.

Αν ήθελε, λέει; Από τη χαρά της δεν ήξερε τι να πει, μόνον ευχαριστούσε το καλό παλικάρι. Την ίδια κιόλας στιγμή έβγαλε τις γαλοπούλες και τις πάπιες για βοσκή. Το βράδυ όταν γύρισε, όλοι έμειναν με ανοιχτό το στόμα. Δεν περίμεναν να δουν τόσο καλοταϊσμένα τα πουλιά. Τώρα η βασιλοπούλα με τον καιρό έγινε η πιο αγαπητή στο παλάτι. Κανείς όμως δεν είχε μάθει το μυστικό της και όλοι τη φώναζαν «Ξυλοφόρη».

Ο καιρός περνούσε. Ο Ξυλοφόρης έκανε όλες τις δουλειές που του ανάθεταν χωρίς να παραπονιέται και ήταν πολύ ευχαριστημένος. Μια μέρα, λοιπόν, περνούσε από τα πλυσταριά κι άκουσε φωνές και φασαρία. Δυο από τις πλύστρες μάλωναν για το ποια θα πλύνει τα λιγότερα ρούχα. Τότε λέει σ' αυτές ο Ξυλοφόρης: «Πάρτε εσείς οι δύο λιγότερα από τα μισά και τα υπόλοιπα, που είναι πιο πολλά, θα τα πλύνω εγώ».

Οι πλύστρες ενθουσιάστηκαν μ' αυτή την πρόταση. Ο Ξυλοφόρης παίρνει λοιπόν τα ρούχα, και όπως κάθε άλλη δουλειά που έπιανε το χέρι του, την έκανε κι αυτήν πολύ καλά. Έπλυνε τα ρούχα τόσο καθαρά, που δεν μπορούσε να τον φτάσει καμιά πλύστρα. Οι πλύστρες λοιπόν έμειναν τόσο ευχαριστημένες, που κάθε φορά φώναζαν τον Ξυλοφόρη κι αυτός με μεγάλη χαρά δεχόταν γιατί τα πλυσταριά βρίσκονταν έξω στα περιβόλια. Εκεί έβγαζε τη βαριά ξύλινη φορεσιά, έπλενε, άπλωνε τα ρούχα στην πρασινάδα και ξάπλωνε κάτω από τα μεγάλα πλατάνια και ξεκουραζόταν. Πολλές φορές σκεφτόταν τον πατέρα της. Πώς να περνούσε άραγε με την κακιά μητριά; Και τότε περνούσε μπροστά από τα μάτια της όλη της η ζωή, θυμόταν τα χαρούμενα και καλά χρόνια όταν ζούσε η καλή της μητέρα και τα μάτια της γέμιζαν δάκρυα.

«Τώρα βρίσκομαι με ένα φίδι στην κοιλιά και όλοι νομίζουν ότι είμαι ένας ξύλινος άνθρωπος» έλεγε μέσα της.

Ο καιρός περνούσε και ο Ξυλοφόρης γινόταν όλο και πιο αγαπητός. Η φήμη του έφτασε και πάλι στα αυτιά τού βασιλόπουλου που δεν μπορούσε να εξηγήσει αυτό το φαινόμενο, ένας ξύλινος άνθρωπος να μπορεί να κάνει τόσες δουλειές, τόσο καλά.

«Δεν μπορεί, κάτι πρέπει να κρύβεται πίσω απ' αυτήν την ιστορία», σκεφτόταν. Να τι κάνει λοιπόν:

Μια μέρα που ο Ξυλοφόρης θα πήγαινε να πλύνει, αυτός πήγε πιο νωρίς στα περιβόλια κι ανέβηκε σ' ένα πλατάνι για να τον παρακολουθήσει. Σε λίγο ήρθε ο Ξυλοφόρης κι έβγαλε την ξύλινη φορεσιά. Και τι να δει το βασιλόπουλο: Μια πεντάμορφη κοπέλα που περίμενε παιδί! Ποια να ήταν; Και γιατί κρυβόταν; Του φάνηκαν όλα πολύ παράξενα μα χωρίς να βγάλει μιλιά περίμενε.

Η βασιλοπούλα άρχισε τη δουλειά της, έπλυνε και άπλωσε τα

ρούχα κι αφού τέλειωσε τη δουλειά, έλουσε τα μακριά και σγουρά μαλλιά της. Το βασιλόπουλο παρέστεκε και παρακολουθούσε ζαλισμένο από την ομορφιά της. Αφού λούστηκε, η βασιλοπούλα έπεσε να κοιμηθεί. Μόλις την πήρε ο ύπνος, ακούστηκαν τσιτσιρίσματα και φωνές. Μα εκεί γύρω δεν φαινόταν τίποτα. Τα τσιτσιρίσματα όμως συνέχιζαν. Το φίδι μέσα από την κοιλιά της φωνάζει τα φίδια τού νερού:

«Ελάτε εδώ στη ζεστασιά!» Αλλά τα φίδια τού νερού απάντησαν:

«Έλα εσύ εδώ, στα δροσερά νερά, στα πράσινα χορτάρια!»

Έτσι μιλούσαν τα φίδια μεταξύ τους, μέχρι που το φίδι στην κοιλιά πείστηκε και βγήκε. Όταν όμως μπήκε στο νερό, κρύωσε και θέλησε να γυρίσει πίσω στη ζεστή κοιλιά τής βασιλοπούλας. Πίσω του ακολούθησαν καμιά δεκαριά φίδια, που θέλησαν κι εκείνα να δοκιμάσουν τη ζεστή κοιλιά. Τρομαγμένο το βασιλόπουλο έβλεπε τα φίδια να πλησιάζουν, μα δεν ήξερε τι να κάνει. Η φωνή του κόπηκε από τον φόβο και δεν μπορούσε να βγάλει μιλιά. Αυτό που έβλεπε ήταν τρομερό! Τώρα τι να κάνει; Ευτυχώς, πριν προλάβουν τα φίδια να ζυγώσουν, συνήλθε, έβγαλε το δαχτυλίδι του και το πέταξε στο μέτωπο τής κοπέλας.

Εκείνη τρόμαξε και πετάχτηκε όρθια. Όταν είδε το βασιλόπουλο έτρεξε να πάρει τη φορεσιά της, μα ένιωσε ξαφνικά τόσο ελαφριά χωρίς το φίδι στην κοιλιά. Όταν είδε τα φίδια κατάλαβε τι είχε γίνει και πως είχε σωθεί. Δεν ντρεπόταν πια, μόνο σαστισμένη κοίταξε το βασιλόπουλο και το ρώτησε τι ζητούσε επάνω στο δέντρο.

Ο νέος τής εξήγησε ότι του φαινόταν παράξενα όλα αυτά που άκουγε για τον Ξυλοφόρη, και ότι γι' αυτόν το λόγο θέλησε να την παρακολουθήσει για να του φύγει η απορία. Και να που της βγήκε σε καλό.

Τώρα όμως ήρθε η σειρά τής βασιλοπούλας να του πει ότι και αυτή είναι μια πριγκίπισσα. Του διηγήθηκε όλη της την μακρά ιστορία. Όμως δεν ανάφερε την κατάρα που έδωσε στον πατέρα της και ούτε φανέρωσε, ότι ερχόταν από το γειτονικό βασίλειο.

Το βασιλόπουλο ούτε που θέλησε να μάθει. Διότι αυτό που ζητούσε εκείνην τη στιγμή ήταν μόνον η γυναίκα που βρισκόταν μπροστά του και που με δάκρυα στα μάτια τον ευχαριστούσε. Το βασιλόπουλο τής ζήτησε να γίνει γυναίκα του. Έτσι πιασμένοι χέρι-χέρι αναγγέλλουν το χαρούμενο γεγονός στους γονείς του που χαίρονται κι αυτοί μαζί τους και τούς δίνουν την ευχή τους.

Η χαρμόσυνη είδηση διαδόθηκε γρήγορα σ' όλο το παλάτι και όλοι χαίρονται και χαιρετούν την καλή τους βασίλισσα που ως τότε φώναζαν Ξυλοφόρη. Ο γάμος κράτησε σαράντα μέρες και σαράντα νύχτες, και στο εξής η βασιλοπούλα ζούσε χαρούμενη κι ευτυχισμένη.

Έτσι περνούσε ο καιρός και περνούσαν τα χρόνια. Κάποια μέρα όμως, που το βασιλόπουλο επέστρεψε από ένα ταξίδι, διηγήθηκε στη γυναίκα του ένα παράξενο πράγμα: Τελάληδες φώναζαν για το γείτονα βασιλιά τους που έβγαλε το μεγαλοδέντρι στην καρδιά και γιατρειά δεν βρίσκει. Όποιος ήξερε το παραμικρό γιατρικό ας πάει να σώσει τον δυστυχισμένο αυτόν άνθρωπο που βασανίζεται.

Μόλις τα άκουσε αυτά η βασιλοπούλα έσφιξε η καρδιά της. «Πόνεσε ο πατέρας μου» είπε μέσα της, μα δεν είπε τίποτα στον άντρα της, μόνο τον παρακάλεσε να πάνε κι αυτοί να δουν αυτόν τον δυστυχισμένο άνθρωπο. Το βασιλόπουλο, που δεν χαλούσε το χατίρι τής γυναίκας του, της έδωσε τον λόγο του και μετά από μερικές μέρες ξεκίνησαν για τον βασιλιά που είχε βγάλει το μεγαλοδέντρι στην καρδιά.

Μετά από ταξίδι ημερών έφτασαν στο δυστυχισμένο παλάτι, στον άρρωστο βασιλιά. Το μεγαλοδέντρι είχε φυτρώσει στην καρδιά του, είχε μεγαλώσει τόσο πολύ, που ο βασιλιάς δεν μπορούσε πια να κουνηθεί από τους πόνους. Κανένας γιατρός δεν μπορούσε να τον σώσει. Η βασιλοπούλα έτρεμε από τη συγκίνηση που την είχε πλημμυρίσει μπαίνοντας στο παλιό της σπιτικό, όπου τίποτα δεν είχε αλλάξει, κι έκλαψε κρυφά. Όλα ήταν όπως παλιά, όλους τους γνώριζε, σε όλους θα ήθελε να μιλήσει και να τους αγκαλιάσει, να τους φανερώσει πως ζει, μα προχωρούσε με το κεφάλι σκυφτό και με το πρόσωπο καλυμμένο. Δεν ήθελε να την αναγνωρίσουν, δεν είχε έρθει ακόμα η ώρα εκείνη.

Το βασιλικό ζευγάρι προχωράει και φτάνει στο δωμάτιο όπου

κείται ο άρρωστος. Η βασιλοπούλα θέλει να τρέξει να αγκαλιάσει τον πατέρα της, να του πει πως ζει, πως τον αγαπάει και πως έχει μετανιώσει για τη βαριά κατάρα που του είχε δώσει, μα κρατιέται. Απέναντι της αντικρίζει την κακιά μητριά και την κυριεύει το μίσος. Λίγο πιο πέρα τις άσχημες κόρες της, που είχαν μείνει μόνες γιατί κανείς δεν βρέθηκε να τις αγαπήσει. Προχωρούν και ζυγώνουν τον άρρωστο βασιλιά που έλπιζε να βρεί σωτηρία από κάθε επισκέπτη. Σκύβει και του φιλάει το χέρι η κόρη του, αλλά αυτός δεν την αναγνωρίζει. Του υπόσχεται ότι σύντομα αυτήν θα τον γιατρέψει από τη βαριά αρρώστια που τον δέρνει τόσα χρόνια. Ο βασιλιάς που περιμένει κι από ένα μικρό παιδί ακόμα βοήθεια κοιτά ανυπόμονος τα χέρια της, μα δεν τη βλέπει να κρατάει γιατρικό.

«Πού είναι κόρη μου τα φάρμακα που θα με γιατρέψουν» τη ρωτά.

«Βασιλιά μου, εγώ δεν γιατρεύω με φάρμακα, παρά μόνο με λόγια. Ένα παραμύθι είναι το γιατρικό μου, θέλω όμως να το προσέξεις. Πόρτες και παράθυρα θέλω να ασφαλίσουν και κανένας ούτε να μπει, ούτε να βγει για να μπορέσω να σε γιατρέψω».

«Κλείστε και μανταλώστε τις πόρτες!» διέταξε ο βασιλιάς. «Κανείς να μην μπει και κανείς να μη τολμήσει να βγει» είπε και παρακάλεσε τη γειτόνισσα βασίλισσα ν' αρχίσει το παραμύθι, που θα του ξανάδινε την υγειά του. Το βασιλόπουλο ακούει τη γυναίκα του να μιλάει και να λέει ότι θα γιατρέψει τον άρρωστο μα δεν καταλαβαίνει. Πώς και τι σχέση έχει αυτή με αρρώστιες και γιατριές; Ο άρρωστος βασιλιάς που περιμένει κι ανυπομονεί, την παρακαλάει να αρχίσει. Τότε, λοιπόν, η βασιλοπούλα αρχίζει να αφηγείται το παραμύθι:

«Μια φορά κι έναν καιρό βασιλιά μου, ζούσε σ' ένα βασίλειο ένας βασιλιάς με την οικογένειά του και ήσαν όλοι χαρούμενοι κι ευτυχισμένοι. Έρχεται όμως καιρός κακός και η βασίλισσα πεθαίνει. Πατέρας και κόρη είναι απαρηγόρητοι για τον χαμό της... » Κι έπειτα είπε: «Ταράξου δεντρί, κουνήσου, και ρίξε τα κλωνάρια σου!»

Κρακ-κρακ τότε σπάνε ένα-ένα και αρχίζουν να πέφτουν τα

κλωνάρια από το μεγαλοδέντρι. Και ο βασιλιάς, όταν είδε τα κλωνάρια να πέφτουν άρχισε να φωνάζει από χαρά, και την παρακαλεί να συνεχίσει το παραμύθι της λέγοντας με αδύναμη φωνή:

«Πες το κόρη μου, πες το παραμύθι!»

«Έπειτα βασιλιά μου, όλα άλλαξαν με τον χαμό τής βασίλισσας...», είπε η βασιλοπούλα και συνέχισε να διηγείται το παραμύθι που δεν ήταν παρά η δική της ιστορία. Κανείς όμως ακόμα δεν το είχε καταλάβει, μόνον η κακιά μητριά κάτι υποψιάστηκε και θέλησε να βγει, μα της ήταν αδύνατο, γιατί η διαταγή τού βασιλιά δεν επέτρεπε σε κανένα να φύγει. Έτσι συνέχιζε η βασιλοπούλα το παραμύθι και κάθε τόσο έσπαζαν τα κλωνάρια από το μεγαλοδέντρι κι έπεφταν. Ο βασιλιάς, που άκουγε με προσοχή, έμαθε για τον βασιλιά τού παραμυθιού ότι παντρεύτηκε μια κακιά γυναίκα, ότι εκείνη συκοφαντούσε την κόρη του μέχρι που αυτός διέταξε να τη σκοτώσουν και να του φέρουν να πιει το αίμα της...

Ακούγοντας κατάλαβε ότι η ιστορία αυτή, ήταν η ιστορία τής κόρης του. Μα δεν έβλεπε τη γυναίκα που του μιλούσε γιατί ήταν καλυμμένη, κι έτσι δεν την αναγνώρισε. Ο ίδιος πίστευε ότι η κόρη του δεν ζούσε.

Το παραμύθι συνεχίζεται, τα κλωνάρια πέφτουν και τέλος η βασιλοπούλα διατάζει να πέσει το δέντρο από τη ρίζα του. Έτσι έπεσε το μεγαλοδέντρι από τη ρίζα του και ο βασιλιάς, που τόσα χρόνια ήταν κατάκοιτος ανασηκώθηκε. Εκείνην τη στιγμή η βασιλοπούλα δεν κρατήθηκε άλλο, και με κλάματα φανερώθηκε:

«Πατέρα, εγώ είμαι, η κόρη σου! Αυτός είναι ο άντρας μου, που με ελευθέρωσε από το φίδι που ήπια από το νερό τού κελιού, όπου με είχε ρίξει η κακιά μητριά μου. Εσύ δεν με πίστεψες, μα τώρα όλα τελείωσαν!»

Πατέρας και κόρη σφιχταγκαλιάστηκαν με δάκρυα χαράς στα μάτια. Όλοι όσοι βρίσκονταν εκεί δεν πίστευαν τα μάτια τους για όσα έβλεπαν. Ο βασιλιάς τους γιατρεύτηκε και η αγαπημένη τους βασιλοπούλα, που την είχαν για πεθαμένη, ζούσε!

«Χτυπήστε τις καμπάνες!» φώναξε ο βασιλιάς. «Στείλτε τελάληδες σ’ όλην τη χώρα κι αναγγείλετε το χαρούμενο μήνυμα πως ζει η μονάκριβη κι αγαπημένη μου κόρη! Μουσικές και γλέντια να αρχίσουν σ' όλην τη χώρα, άμαξες να ετοιμαστούν για τη μεγάλη περιοδεία τής κόρης μου και τού γαμπρού! Οι φυλακές ν' ανοίξουν, να ελευθερωθούν οι φυλακισμένοι να βοηθηθούν οι φτωχοί, το ψωμί να μην λείψει από κανέναν, όλοι οι άνθρωποι τής χώρας μου να ζούν ευτυχείς κι αγαπημένοι. Πίκρα να μην νοιώσει το βασίλειο μου! Μόνον η κακιά βασίλισσα και οι κόρες της να φύγουν από το παλάτι όσο η χαρά μου με εμποδίζει να τις τιμωρήσω».

Ντροπιασμένες και λυπημένες που τα έχασαν τώρα όλα μητριά και κόρες εξαφανίστηκαν και δεν έμαθε ποτέ κανείς για αυτές. Οι καμπάνες χτυπούν, τα τραπέζια στρώνονται, όλοι χαίρονται. Οι βασιλείς ετοιμάζονται για την περιοδεία τους, κι έζησαν αυτοί καλά κι εμείς καλύτερα.

Die Prinzessin mit der Schlange im Bauch

Es war einmal ein König und eine Königin und sie hatten eine wunderschöne Tochter. Sie war im ganzen Land beliebt, sowohl wegen ihrer Schönheit als auch wegen ihrer Güte und Besonnenheit. Das Königspaar war sehr stolz auf die Prinzessin, und alle bei Hofe hatten sie in ihr Herz geschlossen.

So verging die Zeit glücklich und zufrieden, bis eines Tages die Königin schwer erkrankte und von dieser Welt ging. Der König blieb nun allein mit seiner Tochter und beide waren sie untröstlich. Doch trotz allen Unglücks ging das Leben weiter, und so kam es, dass der König bald wieder eine Frau fand und sich mit ihr vermählte. Es war eine verwitwete Fürstin, die er sich zur Frau nahm.

Diese hatte ein böses Herz. Und ähnlich böse waren auch ihre zwei unansehnlichen und herzlosen Töchter, beide im Alter der Prinzessin. Vom ersten Augenblick an feindeten sie die gute und schöne Prinzessin an, ganz gleich, wie freundlich jene sich ihnen gegenüber erwies. Lieblos und grausam, wie sie waren, suchten sie ständig nach einem Vorwand, sie zu erniedrigen.

Der König erfuhr von all dem nichts, denn die Prinzessin wollte ihn nicht betrüben. Daher beklagte sie sich nicht bei ihm. Aber die Stiefschwestern ließen nicht davon ab, sich immer neue Quälereien auszudenken, denn sie waren von Neid erfüllt. Sie wussten sehr wohl, dass alle die Prinzessin liebten, dass alle bewundernd über ihre Schönheit, ihre Güte und ihre Klugheit sprachen, während für die beiden Stiefschwestern, die reizlos und plump waren, niemand auch nur ein Wort verlieren wollte. So wuchs ihre Missgunst von Tag zu Tag. Denn vergebens warfen sie sich in die teuersten und edelsten Kleider beim Ball und bei Hofe. Es war immer die Prinzessin, die die bewundernden Blicke aller auf sich zog.

Eines Tages begab sich der König auf eine Rundreise ins Reich. Er ließ die Königin im Schloss zurück, da diese vorgab, krank zu sein. Sobald der König das Schloss verlassen hatte, begannen die Stiefmutter und die Stiefschwestern einen üblen Plan in die Tat umzusetzen.

In den Kellergewölben des Schlosses gab es ein feuchtes und kaltes Verlies, das hatte weder ein Fenster noch ein Bett. Darin gab es nur eine Quelle, die, wenn es geregnet hatte, Wasser führte. Wer aus dieser Quelle trank, der trank auch eine Schlange, die vom Regen mitgerissen wurde. In dieses Verlies wollten die drei grausamen Frauen die arme Prinzessin, die ihnen nichts getan hatte, sperren. Also rief die Königin zwei Diener herbei und befahl ihnen, die Prinzessin in das dunkle Verlies zu führen.

»Aber so etwas können wir unserer lieben Prinzessin nicht antun!«, sagten jene ganz verstört.

Da geriet die Königin außer sich und drohte ihren Dienern, sie würde sich schwer über sie beim König beklagen, und jener würde sie streng bestrafen und ihnen den Kopf abhacken lassen. Angsterfüllt und schweren Herzens holten die Diener die Prinzessin und führten sie in das Verlies. Weinend bat sie darum, sie mögen sie doch frei lassen. Sie umarmte sie und flehte sie an, doch schnell begriff sie, dass jetzt, da der Vater in der Ferne weilte, die Stiefmutter das Sagen hatte. Schluchzend schoben die Diener die Drohungen der bösen Stiefmutter vor und beteuerten, dass sie ihren Befehlen gehorchen mussten.

»Doch hab Geduld, liebe Prinzessin, und wir werden dich bei der ersten Gelegenheit befreien« versprachen sie ihr, bevor sie sie in das Verlies führten.

Sie gaben ihr eine Zudecke und das wenige an Essen, was die Königin angeordnet hatte, und schlugen die schwere Eisentür zu. So blieb die Prinzessin allein im Dunkeln und weinte bitter.

»Wann wird nur mein Vater zurückkehren? Warum musste meine Mutter sterben?«, fragte sie sich und vergoss viele Tränen.

Es vergingen Tage und die Prinzessin hatte nichts zu trinken. Das wenige, das sie an Essen bekommen hatte, etwas Brot und salzige Sardellen, war aufgebraucht. Der Durst, der sie nun quälte, wurde unerträglich. Weinend und betend flehte sie um Regen; darum, dass die Quelle Wasser führen möge. Dass sie daraus trinken könne, ganz gleich, ob nun mit oder ohne Schlange.

So geschah es dann auch. In derselben Nacht regnete es in Strömen und die Quelle führte Wasser. Die Prinzessin trank daraus ohne zu zögern. Sie füllte auch ein paar tönerne Schalen, die sie in einer Ecke des Verlieses gefunden hatte, mit dem Wasser aus der Quelle, um sich für später etwas aufzusparen, doch das Übel nahm bereits seinen Lauf: Die Prinzessin trug die Schlange in sich.

Tage vergingen, doch niemand kam, um die Prinzessin zu befreien. Die böse Stiefmutter behielt die Schlüssel bei sich. Sie lief, wann immer sie wollte, selbst hinunter in das Verlies und warf der Prinzessin etwas trockenes Brot und salzigen Fisch hin. Dabei machte sie sich über sie lustig, lachte und sprach:

»Jetzt bewundern alle nur noch meine beiden Töchter!«

Die Prinzessin flehte die Königin um Gnade, doch ihre Tränen vermochten es nicht, die böse Frau zu rühren. Jene warf die Tür wieder ins Schloss.

Es vergingen Wochen, die Schlange wuchs im Leib der Prinzessin, und so wuchs auch ihr Bauch, sodass sie bald aussah, als erwarte sie ein Kind. Und je mehr ihr Bauch wuchs, umso größer wurde auch die Freude der bösen Königin, deren übler Plan langsam, aber sicher aufging.

Nach Monaten kehrte nun der König von seiner Reise zurück ins Schloss. Alle empfingen ihn mit Freude, und so empfingen ihn auch die Königin und ihre Töchter. Der König wunderte sich, dass er die Prinzessin nicht unter ihnen ausmachen konnte, und so sorgte er sich, ob ein Unglück geschehen oder sie schlimm erkrankt sei.

»Wo ist meine Tochter?« fragte er. »Weshalb ist sie nicht gekommen, mich zu begrüßen?«

Jene unter den Anwesenden, die die Wahrheit kannten, wagten es nicht sie auszusprechen. Nur die Stiefmutter sagte:

»Mein König und Gemahl, deiner Tochter ist nichts Schlimmes zugestoßen. Sie selbst ist es, die die Schande über uns gebracht hat.«

Der König verlangte danach zu erfahren, zu welcher Schande seine Tochter wohl fähig gewesen sein mochte. Als er hörte, seine Tochter erwarte ein Kind, konnte er seinen Ohren nicht trauen.

»Wie konnte sie etwas Derartiges tun?« rief er. »Sie muss bestraft werden und die Strafe sei der Tod!«

Eben mit dieser Strafe hatte die Stiefmutter gerechnet und genau dies war auch ihr Plan. Der König, der nicht fassen konnte, was man ihm berichtet hatte, befahl, man möge seine Tochter zu ihm führen. Als er sie zu sehen bekam, traf ihn ihr Anblick wie ein Messerstich ins Herz. Es stimmte also, was man ihm gesagt hatte. Und trotz aller Liebe, die er für seine Tochter empfand, rief er:

»Fort, aus meinen Augen, ich kann sie nicht ansehen. Tötet sie und bringt mir einen Becher mit ihrem Blut, das will ich trinken. Vielleicht vermag ich so die Schande zu vergessen, die sie mir bereitet hat.«

Vergebens versuchte die Prinzessin den König zu besänftigen:

»Vater höre, höre mir zu, ich habe keine Schande über dich gebracht. Es gibt keinen Grund sich meinetwegen zu schämen! Es geschieht mir Unrecht, denn es ist alles eine Lüge, so höre doch!«

Aber der zornige König wandte sich von ihr ab, und so sehr er einst seine Tochter liebte, so sehr verachtete er sie in jenem Moment und wollte nichts hören. Ihm genügte, was er zu sehen bekam.

Die Prinzessin, die sich in ihrer Verzweiflung und Trauer in Tränen auflöste, rief:

»Vater, hörst du mich nicht klagen und weinen? Bleibt dein Herz unberührt? Du willst nicht wissen, was ich dir zu sagen habe? Nichts von dem, was dir erzählt wurde, ist wahr. So glaube mir doch, höre mir nur zu. Und danach magst du mich von mir aus mit deinen eigenen Händen töten!«

Weder Weinen noch Klagen rührten den erzürnten König, der sich von ihr abwandte und fortging, ohne sie eines Blickes zu würdigen. So sehr ihn sein Herz auch schmerzte, es war sein Stolz, der ihn nicht ließ, und so blieben die Rufe der Prinzessin vergebens. Da verfluchte sie ihn in ihrer Verzweiflung:

»Eine schwere Krankheit soll dich heimsuchen, und es soll

keine Heilung für dich geben. Ein Baum soll aus deinem Herzen herauswachsen, und hoch über das Schloss hinausragen. Deine Untertanen sollen dein Leid mit ansehen, doch kein Arzt soll dich heilen können. Nur ich hätte die Macht dich zu retten, doch werde ich tot sein, auf deine Weisung hin, weil du den Lügen der Stiefmutter Glauben schenktest.«

Zwei Wächter ergriffen die Prinzessin und führten sie in den Wald. Zwar fühlten sie mit ihr und weinten an ihrer Seite. Gewiss konnten sie den Gedanken, ihre liebe Prinzessin zu töten, nicht ertragen. Doch sie liefen weiter und sahen nur verzweifelt einander an, als suchten sie nach einem Ausweg. Die Prinzessin fühlte sehr wohl ihre Trauer und daher sagte sie:

»Meine lieben Wächter, ich sehe es ja, wie ihr euch meinetwegen betrübt, und spüre, wie schwer der Wunsch meines Vaters auf euch lastet. Denn ihr wisst, dass ich unschuldig bin. Schneidet also in meinen Finger, fangt das Blut auf und bringt es meinem aus Hass nach Rache dürstenden Vater. Ich aber werde fliehen, weit weg, sodass niemand jemals davon erfahren und niemand euch jemals dafür belangen wird!«

So taten die Wächter, wie ihnen geheißen. Sie schnitten ihr in den Finger und fühlten ein Fläschchen mit ihrem Blut. Dieses brachten sie dem König. Der König trank das Blut seiner Tochter, als wäre es Wein. Und dann fiel er in endlose Trauer über alles, was geschehen war.

Die Prinzessin flüchtete in den Wald hinein und lief rastlos Tag und Nacht. Sie lief mit Tränen in den Augen und der Schlange im Bauch, hungrig und durstig, bis sie sich verirrt hatte. Eines Morgens, noch bevor der neue Tag angebrochen war, blieb sie endlich erschöpft stehen. Sie sah ein Licht in der Ferne und ihr Herz sprang vor Freude. Sie machte sich auf den Weg, die Stelle aufzusuchen, aus der das Licht schien. Als sie näher herankam, sah sie, dass es eine kleine Hütte war. Sie warf einen Blick durch das kleine Fenster und sah zwei Schreiner, die gerade beim Werken waren. Sofort schlug sie an der Türe und trat ein. Ohne zu zögern bat sie die Schreiner, ihr eine hölzerne Rüstung zu bauen, die sie von Kopf bis Fuß bedecken sollte. Die Schreiner blieben sprachlos angesichts der jungen Frau, die plötzlich in jener Abgeschiedenheit vor ihnen stand. Noch bevor sie sich regen konnten, redete die Prinzessin auf sie ein und zeigte ihnen ein paar Goldstücke in ihrer Hand, die sie ihnen geben wollte, wenn sie ihr helfen würden.

»Ich wurde vertrieben und verjagt«, sagte sie ihnen.

Die Schreiner wollten nicht mehr erfahren, nachdem sie die Goldstücke gesehen hatten. Sie gaben ihr zu essen und boten ihr ein Lager an, wo sie ausruhen konnte. Die erschöpfte Prinzessin schlief bald ein. Als sie wieder aus dem Schlaf erwachte, war ihre Rüstung gefertigt. Sie gab den Schreinern die Goldstücke, stieg in ihre Rüstung, dankte ihnen und verabschiedete sich von ihnen, bevor sie nun fröhlich davonging.

Niemand konnte mehr ihren Bauch sehen und daher entschloss sie sich eine Arbeit zu finden und sich ihr Brot zu verdienen. Sie ging also von Dorf zu Dorf und von Stadt zu Stadt und fragte nach Arbeit, doch niemand wollte sich so recht auf einen hölzernen Menschen verlassen. Außerdem spotteten sie alle und lachten. Fast verlor sie jede Hoffnung, bis sie nach langer Wanderung in der Ferne ein Schloss sah.

Sie kam heran und fragte nach Arbeit, doch auch hier wurde sie nur verlacht. Auf was für eine Arbeit sollte sich ein Mensch aus Holz denn verstehen? Verzweifelt sank die Prinzessin in die Knie und begann zu weinen und zu betteln. Nur etwas Brot und ein Dach über dem Kopf, das war alles, was sie als Lohn verlangte. Doch niemand erweichte sich. Bis auf den Prinzen, der in jenem Moment mit seinem Wagen vorbeifuhr, die lachende Dienerschaft sah, anhielt und neugierig herantrat. Als er den Menschen aus Holz sah, konnte er sein Lachen gerade noch zurückhalten, er trat aber näher und fragte nach dessen Begehr.

»Arbeiten will er«, rief die Dienerschaft heiter.

»Ja, auf was für eine Arbeit verstehst du dich, mein guter Mann?«, fragte der Prinz.

»Was auch immer ansteht«, antwortete der Mensch aus Holz. »Ich kann kochen, waschen und ich bin ein guter Hirte!«

»Köche und Waschweiber haben wir zuhauf, aber ein Gänsehirte fehlt uns«, sagte der Prinz, »denn der Bursche, der die Truthühner und Gänse auf die Weide hinausführt, liegt krank im Bett. Wenn du willst, kannst du sofort damit beginnen!«

Das ließ sie sich nicht zweimal sagen. Sie wusste vor Freude nicht, wie ihr geschah, und dankte dem Prinzen immerfort. Es brauchte nicht lange und schon hatte sie die Vögel auf die Weide hinausgeführt. Als sie sie am Abend wieder in die Ställe brachte, staunten alle darüber, wie wohlgenährt die Vögel waren. Niemand hätte damit gerechnet, dass sie ihre Aufgabe so gut meistern würde. Und da niemand wusste, wer sich hinter der hölzernen Rüstung verbarg, sagten fortan alle nur »Holzmann« zu ihr.

Die Zeit verging. Der Holzmann führte alles, was man ihm auferlegte, gut und gerne aus. Eines Tages kam er zufällig an den Waschküchen vorbei und hörte Streit. Zwei Waschweiber stritten sich, weil keine der beiden den größeren Wäschehaufen waschen wollte. Da sagte der Holzmann zu ihnen:

»Nehmt ihr zusammen die kleinere Hälfte und die andere Hälfte werde ich für euch waschen.«

Die Waschweiber waren mit dieser Lösung gerne einverstanden. Der Holzmann nahm sich den größeren Wäschehaufen vor und wie bei jeder anderen Arbeit erledigte er auch diese tadellos. Er wusch die Wäsche so gut, dass ihm kein Waschweib das Wasser reichen konnte. Das stellte die Waschweiber zufrieden und sie riefen fortan den Holzmann jeden Tag zu sich. Jener kam mit Freude herbei, denn in nächster Nähe erstreckten sich die Obstgärten. Dort legte die Prinzessin ihre hölzerne Rüstung ab, hing auf der Wiese die Wäsche an die Leine und ruhte sich danach im Schatten der Bäume aus.

In den Gärten dachte sie auch oft an ihren Vater und fragte sich, wie es ihm wohl mit der bösen Stiefmutter erging. Und dann entsann sie sich der glücklichen Zeiten, als ihre Mutter noch am Leben war, und ihre Augen wurden feucht.

»Und nun laufe ich mit einer Schlange in meinem Bauch herum und alle glauben, ich sei ein Mensch aus Holz«, sagte sie sich.

Mit der Zeit wurde der Holzmann immer beliebter. Sein guter Ruf kam auch dem Prinzen zu Gehör. Er wunderte sich, wie der

Mensch aus Holz so vorzüglich jede Arbeit erledigen konnte.

»Gewiss«, dachte der Prinz, »birgt diese Geschichte ein großes Geheimnis.« Und er beschloss dem nachzugehen.

Eines Tages, als der Holzmann wieder zum Waschen kommen sollte, lief der Prinz in den Garten und kletterte auf eine Platane. Bald schon kam der Holzmann herbei und legte die hölzerne Rüstung ab. Da bekam der Prinz Erstaunliches zu sehen: Eine wunderschöne junge Frau, die ein Kind in sich trug! Wer sie wohl sein mochte? Warum versteckte sie sich? Das kam ihm nun alles sehr merkwürdig vor, doch er blieb still und wartete ab. Die Prinzessin begann mit der Arbeit, und nachdem sie die Wäsche gewaschen hatte, wusch sie auch ihr langes lockiges Haar. Der Prinz beobachtete sie wie benommen. Nachdem sie ihr Haar gewaschen hatte, legte sie sich hin. Kaum war sie eingeschlafen, hörte man es zirpen. Doch niemand war zu sehen. Es zirpte weiter, immer und immer wieder. Es war die Schlange aus ihrem Bauch, die ihren Schwestern, den Wasserschlangen, zurief:

»Kommt her zu mir, hier ist es schön warm!« Aber die Wasserschlangen riefen zurück:

»Komm du zu uns, ins frische Wasser am grünen Ufer!« So ging es einige Zeit hin und her, bis die Wasserschlangen die Schlange im Bauch der Prinzessin überzeugt hatten. Jene verließ den Bauch und kroch über das Gras ans Wasser. Da wurde es ihr aber bald kalt und sie wollte wieder zurück in den Bauch der Prinzessin. Einige Wasserschlangen, die neugierig wurden, folgten ihr. Der Prinz sah dabei mit Schrecken zu, doch wusste er nicht, was er tun sollte. Auch hatte es ihm die Sprache verschlagen, denn was sich vor seinen Augen ereignete, war einfach unglaublich. Doch noch bevor die Schlangen herankamen, streifte er endlich seinen Ring ab und warf ihn der Prinzessin an die Stirn. Diese schrak auf, sah den Prinzen und wollte in ihre Rüstung steigen. Da spürte sie, wie leicht sie plötzlich war ohne die Schlange im Bauch. Als sie dann die Schlangen auf der Wiese sah, wurde ihr so manches klar. Sie wusste nun, sie war gerettet. Auch schämte sie sich nicht mehr, sondern fragte den Prinzen, was er da auf dem Baum suchte. Der Prinz gestand, er habe sie beobachtet, weil er schon lange ihr Geheimnis ergründen wollte. Und siehe, es war ja nur zu ihrem Besten.

Jetzt war die Prinzessin an der Reihe, ihre Herkunft zu offenbaren. Sie erzählte ihm die ganze lange Geschichte. Aber sie verschwieg den Fluch, mit dem sie ihren Vater belegt hatte und auch, dass es das benachbarte Königreich sei, aus dem sie kam.

Der Prinz wollte auch nichts Genaueres wissen. Denn alles, was er in jenem Moment begehrte, war die Frau, die vor ihm stand und ihm mit feuchten Augen dankte. Er bat sie sofort um ihre Hand. Sie willigte ein und Hand in Hand gaben sie die frohe Nachricht kund. Das elterliche Königspaar freute sich mit ihnen und gab ihnen seinen Segen.

Wie ein Lauffeuer breitete sich die Nachricht aus, und alle waren sehr glücklich mit der neuen Prinzessin, die sie bis dahin einen Holzmann hießen. Die Hochzeit ging vierzig Tage und Nächte und sie lebten fortan glücklich und zufrieden.

Es verging die Zeit und es verging ein Jahr nach dem anderen. Eines Tages, als der Prinz von einer Reise zurück kehrte, erzählte er seiner geliebten Frau eine seltsame Geschichte: Boten zögen durchs benachbarte Königreich und suchten vergebens Heiler für ihren König, dem ein großer Baum aus dem Herzen gewachsen war. Wer auch immer ein Mittel wusste, dem Unglückseligen zu helfen, sollte zu ihm eilen. Als die Prinzessin dies hörte, brach es ihr fast das Herz.

»Mein Vater leidet«, sagte sie bei sich, doch ihrem Gemahl verriet sie nichts. Allein bat sie darum, mit ihm dorthin zu reisen, um diesen unglücklichen Menschen zu sehen. Der Prinz, der ihr keinen Wunsch abschlagen konnte, versprach es ihr fest, und schon nach wenigen Tagen machten sie sich auf, den König zu besuchen, dem der große Baum aus dem Herzen gewachsen war.

Nach tagelanger Reise kamen sie an das unglückliche Schloss und besuchten den kranken König. Der Baum, der aus seinem Herzen gewachsen war, reichte hoch hinauf, und der König konnte sich vor Schmerz kaum rühren. Kein Arzt hatte ihm bislang helfen können.

Die Prinzessin erzitterte innerlich, als sie ihr altes, kaum verändertes Heim nach langer Zeit wieder betrat, und sie weinte im Geheimen. Vieles war wie früher, sie erkannte jeden Einzelnen wieder, zu allen wollte sie sprechen, alle wollte sie umarmen, ihnen sagen, dass sie lebe, doch mit gesenktem Kopf und verschleiertem Gesicht ging sie weiter. Sie wollte noch nicht erkannt werden, denn noch war nicht die Zeit dafür.

Das junge Paar schritt zum Krankenbett des Königs. Die Prinzessin sehnte sich danach loszulaufen und ihren Vater zu umarmen, ihm zu offenbaren, dass sie lebe, dass sie den schweren Fluch, mit den sie ihn belegt hatte, bereute, doch sie beherrschte sich. Sie erkannte die böse Stiefmutter, die in einer Ecke stand, und spürte große Abscheu. An ihrer Seite waren auch die bösen Stiefschwestern zu sehen, die immer noch allein waren, da sich niemand gefunden hatte, der sie hätte lieben können.

Sie gingen weiter und kamen zum König, der sich von jedem neuen Besucher Heilung erhoffte. Die Tochter beugte sich und küsste seine Hand, doch der König erkannte sie nicht. Sie versicherte ihm nun, dass sie schnell seine Leiden, die ihn so lange plagten, beenden würde. Der König, der sich selbst von einem kleinen Kind Heilung erhoffen würde, blickte ungeduldig in ihre Hände, doch er fand dort keine Medizin.

»Wo sind, junge Frau, die Mittel, die mich heilen sollen?«, fragte er sie.

»Mein König«, antwortet die Prinzessin, »ich heile nicht mit Mitteln, sondern mit Worten. Ein Märchen ist die Medizin, und ich will, dass du genau zuhörst. Auch verlange ich, dass man Türen und Fenster verriegelt, sodass niemand weder herein- noch hinaustreten kann. Nur so werde ich dich heilen können!«

»Schließt und verriegelt die Türen«, rief der König. »Niemand soll ab jetzt noch eintreten und keiner es wagen, diesen Raum zu verlassen«, befahl er und bat die fremde Frau, sie solle mit der Geschichte, die ihn heilen würde, beginnen. Der Prinz, der dies alles mit angehört hatte, wunderte sich, dass seine Gemahlin unter die Heiler gegangen war. Der König aber wartete ungeduldig. Also begann die Prinzessin ihre Geschichte zu erzählen.

»Es war einmal ein König, der lebte mit seiner Familie in einem

Königreich, und alle waren glücklich und zufrieden. Doch es kam eine schlimme Zeit und die Königin verstarb. Der König und seine Tochter waren untröstlich …« So begann sie und rief: »Reg dich Baum, schüttel' dich und wirf deine Äste ab!«

Krachend brachen da einige Äste ab und fielen vom Baum, der dem König aus dem Herzen gewachsen war, herab. Der König jauchzte vor Freude, als er die Äste fallen sah und bat sie mit letzter Kraft weiterzumachen: »Erzähle deine Geschichte, junge Königin!«

»Danach, lieber König, wurde alles anders …«, sagte die Prinzessin und fuhr in ihrer Erzählung fort, die keine andere war als ihre eigene Geschichte. Noch hatte das niemand begriffen, bis auf die böse Stiefmutter, die einen Verdacht geschöpft hatte und sich daran machte, sich davonzuschleichen. Das war aber unmöglich, da der Befehl des Königs es niemandem gestattete, den Raum zu verlassen. Die Prinzessin fuhr in ihrer Erzählung fort und nach und nach brachen die Äste des Baumes ab und fielen herab.

Der König, der aufmerksam zuhörte, erfuhr aus dem Märchen, wie er sich die böse Stiefmutter zur Frau genommen hatte, wie jene seine Tochter beschuldigt hatte und wie er selbst ihren Tod gefordert und befohlen hatte, man möge ihm ihr Blut zu trinken bringen. Er hörte und verstand, dass dies die Geschichte seiner Tochter war.

Die Frau, die vor ihm sprach, erkannte er nicht, denn sie war verschleiert. Er selbst glaubte ja, dass seine Tochter nicht mehr lebte. Die Geschichte aber kam zu ihrem Ende, die letzten Äste brachen ab und schließlich befahl die Prinzessin dem Baum von der Wurzel abzufallen. So fiel der Baum mit samt der Wurzel vom Herzen des Königs ab, und jener, der viele Jahre liegen musste, erhob sich nun in seinem Bett. In jener Stunde konnte die Prinzessin nicht mehr an sich halten. Sie gab sich unter Tränen zu erkennen:

»Mein Vater, ich bin es, deine Tochter! Sieh, das ist mein Gemahl, der mich von der Schlange befreite, jener Schlange, die ich trinken musste, als mich die böse Stiefmutter ins Verlies sperrte. Du wolltest mir nicht glauben, doch nun ist dies alles vorüber und vorbei.«

Vater und Tochter fielen sich freudig in die Arme. Und alle Anwesenden trauten ihren Augen nicht. Ihr König war geheilt und ihre geliebte Prinzessin, die sie so lange für tot gehalten hatten, war am Leben!

»Lasst die Glocken ertönen!«, befahl der König. »Entsendet Botschafter hinaus ins Land und verkündet die Nachricht, dass meine einzig geliebte Tochter lebt! Überall soll gefeiert werden und Musikanten sollen spielen im ganzen Land. Spannt die Wagen für den großen Zug meiner Tochter und ihres Gemahls. Lasst die Gefangenen frei, und gebt den Armen, sodass niemand mehr hungern muss. Ich wünsche, dass alle Menschen in diesem Land glücklich und in Frieden leben sollen. Es soll niemanden geben, der Leid ertragen muss. Nur die böse Stiefmutter und ihre Töchter sollen mir aus den Augen gehen, denn im Moment haben sie es allein meiner großen Freude zu verdanken, dass ich sie verschone.«

Verängstigt und schamerfüllt zogen die Stiefmutter und ihre Töchter von dannen und nie wieder hörte einer was von ihnen. Die Glocken erklangen, die Tafeln wurden reich gedeckt und die Freude war groß. Die Könige traten ihre Reise an und so lebten sie alle glücklich bis an ihr Ende.

Η Λάμια

Μια φορά κι έναν καιρό, στα παλιά τα χρόνια, ήταν ένας γεωργός με τη γυναίκα του και με τα τρία τους τα αγόρια. Καλλιεργούσαν ένα αμπέλι, και μέσα στο αμπέλι υπήρχε μια μηλιά που κάθε χρόνο άνθιζε κι έκανε μόνον τρία χρυσά μήλα. Αλλά, κάθε χρόνο, πριν προλάβουν οι φτωχοί άνθρωποι να χαρούν τα μήλα της, κάποιος τα έκλεβε. Έτσι, χρόνο με τον χρόνο οι φτωχοί γεωργοί έβλεπαν τα μήλα να μεγαλώνουν, αλλά μόλις ωρίμαζαν και γίνονταν χρυσά, χάνονταν από τη μηλιά.

Κάποτε, όταν μεγάλωσαν τα παιδιά τους και ήρθε ξανά η εποχή να γίνουν τα μήλα, η μηλιά στο αμπέλι έδωσε πάλι καρπό και πάλι τα τρία μήλα ωρίμαζαν αργά-αργά. Ο μεγαλύτερος αδερφός τότε είπε στους γονείς του:

«Δεν γίνεται κάθε χρόνο να περιμένουμε να ωριμάσουν τα μήλα τής μηλιάς μας, και κάθε χρόνο να μας τα κλέβουν μπροστά από τα μάτια μας. Θα πάω να φυλάξω το αμπέλι, για να πιάσω τον κλέφτη!»

Έτσι, μόλις άρχισε να ωριμάζει το πρώτο μήλο κι έπαιρνε χρώμα χρυσαφί, ο μεγάλος γιος ξεκίνησε το βράδυ να πάει να το φυλάξει. Κάθισε λοιπόν κάτω από τη μηλιά και φύλαγε το δέντρο. Όμως η νύχτα ήταν μακρά, και κάποτε δεν άντεξε άλλο από τη νύστα κι αποκοιμήθηκε. Όταν ξύπνησε το επόμενο πρωί, το πρώτο ώριμο μήλο είχε χαθεί.

Στενοχωρημένος πήρε, λοιπόν, τον δρόμο για το πατρικό του.

Την επόμενη μέρα άρχισε να ωριμάζει και να χρυσίζει το δεύτερο μήλο. Τότε πήρε την πρωτοβουλία ο δεύτερος γιος να φυλάξει τη μηλιά, αλλά κι εκείνος δεν έμεινε άγρυπνος. Αποκοιμήθηκε κάτω από τη μηλιά και το πρωί τής επόμενης μέρας είχε χαθεί και το δεύτερο μήλο. Έτσι πήρε τον δρόμο τής επιστροφής, πρόσεξε όμως ότι και το τρίτο και τελευταίο μήλο άρχισε να χρυσίζει.

Ο μικρότερος αδερφός θέλησε τότε κι αυτός να φυλάξει τη μηλιά. Ήταν αποφασισμένος να πιάσει τον κλέφτη και να προστατέψει την περιουσία των γονέων του. Έτσι τράβηξε από νωρίς για το αμπέλι, κάθισε κάτω από τη μηλιά και δεν έκλεισε μάτι ούτε για μια στιγμή.

Αργά, κατά τα μεσάνυχτα, όταν τα άστρα είχαν πια πλημμυρίσει τον ουρανό, άκουσε έναν θόρυβο εκεί κοντά. Ανασηκώθηκε αργά-αργά κι αθόρυβα με τη σφεντόνα τεντωμένη στο χέρι και τι να δει: Μια Λάμια, μια τερατόμορφη παρουσία, ένα άγριο θηρίο, προχώρησε προς τη μηλιά, σκαρφάλωσε πάνω κι έκανε να αρπάξει το μήλο με το άσχημο χέρι της. Πριν προλάβει, όμως, να το αγγίξει, το παλικάρι έριξε με τη σφεντόνα του και την πέτυχε. Η Λάμια στρίγκλισε από τον πόνο και ματωμένη και τρομαγμένη το έβαλε στα πόδια.

Έτσι, πρωί-πρωί την άλλη μέρα ο μικρότερος αδερφός πήρε το ώριμο μήλο και το πήγε στους γονείς του. Διηγήθηκε σ’ αυτούς και στα αδέρφια του τι είδε και πώς ακριβώς τραυμάτισε τη Λάμια. Τα αδέρφια του ζήλεψαν τότε το θάρρος του και τη γενναιότητα του, κι από περιέργεια θέλησαν κι αυτοί να δουν τα ίχνη τής Λάμιας. Πήγαν λοιπόν και οι τρεις στο αμπέλι κι εκεί κάτω από τη μηλιά είδαν τα αίματα.

«Να ακολουθήσουμε τα αίματα!» είπε τότε ο μεγάλος αδερφός. «Θα μας οδηγήσουν στη φωλιά τής Λάμιας!»

Έτσι κι έκαναν. Ακολούθησαν τις σταλαγματιές από το αίμα της μέχρι που έφτασαν σ’ ένα βαθύ ξεροπήγαδο.

«Εδώ μέσα πρέπει να κρύβεται!» είπε ο δεύτερος αδερφός. «Κάποιος να κατεβεί να τη σκοτώσει!»

Όμως τα μεγάλα αδέρφια δεν είχαν τόσο θάρρος, κι έτσι πίεζαν τον μικρότερο να κατεβεί στο πηγάδι. Εκείνος φοβήθηκε στην αρχή, αλλά έπειτα μάζεψε όλο του το θάρρος και κατέβηκε...

Εκεί κάτω υπήρχε ένα πέρασμα που οδηγούσε σε τρία δωμάτια. Με μεγάλη προσοχή ο μικρός αδερφός μπήκε στο πρώτο δωμάτιο, μα δεν υπήρχε τίποτα εκεί. Πέρασε και στο δεύτερο, αλλά κι εκεί δεν ήταν κανείς. Μόλις όμως μπήκε στο τρίτο δωμάτιο αντίκρισε τρεις όμορφες κοπέλες. Εκείνες, όταν τον είδαν, τρόμαξαν κι έτρεξαν προς το μέρος του κάνοντας του νοήματα να φύγει.

«Φύγε να σωθείς!» του έλεγαν.

«Γιατί;» ρώτησε εκείνος θαρραλέα. «Μήπως κρύβεται εδώ το άγριο θηρίο; Αν είναι έτσι, θα το σκοτώσω και θα σας ελευθερώσω!»

Όμως, εκείνες τον παρακαλούσαν να φύγει, όσο η Λάμια κοιμόταν, γιατί αν ξυπνούσε και τον έβρισκε στη φωλιά της, θα τον κατασπάραζε.

«Ούτε είναι εύκολο» του είπαν, «να σκοτώσεις τη Λάμια, διότι μόλις της κόψεις το κεφάλι, αμέσως της φυτρώνει άλλο, πιο τρομερό!»

Αλλά ο νέος δεν έκανε πίσω.

«Με τη βοήθειά σας» είπε, «θα σκοτώσω το θηρίο. Μόνον πείτε μου τι να κάνω και πώς θα το καταφέρω καλύτερα».

«Πρόσεχε, λοιπόν» του είπαν εκείνες, «όταν η Λάμια είναι ξύπνια, τα μάτια της τα έχει κλειστά, και όταν κοιμάται τα έχει ανοιχτά. Κοίταξε να έχει τα μάτια ανοιχτά όταν τη χτυπήσεις. Εμείς θα ανάψουμε φωτιά και μόλις της κόψεις το κεφάλι θα σου δώσουμε δαυλό να κάψεις την πληγή, για να μη φυτρώσει άλλο».

Έτσι κι έκαναν. Κρυφά και με μεγάλη προσοχή ο νεαρός προχώρησε προς το δωμάτιο όπου κοιμόταν η Λάμια. Και πράγματι είχε τα μάτια ορθάνοιχτα, αλλά ανάσαινε βαριά διότι κοιμόταν βαθιά. Άρπαξε τότε έναν δαυλό κι ένα σπαθί και με ένα χτύπημα έκοψε το λαιμό τής Λάμιας. Αμέσως έμπηξε στην πληγή τον δαυλό. Έκαψε, λοιπόν, την πληγή κι έτσι η Λάμια δεν πρόλαβε να βγάλει νέο κεφάλι. Με αυτόν τον τρόπο και με τη βοήθεια που του πρόσφεραν οι τρεις κοπέλες ο νεαρός σκότωσε τη Λάμια και χάρισε και σ' αυτές την ελευθερία.

Προχώρησε τότε πάλι προς το άνοιγμα τού ξεροπήγαδου και φώναξε από το βάθος τα αδέρφια του. Εκείνα χάρηκαν που τον άκουσαν και του αποκρίθηκαν. Τους είπε τότε ο μικρότερος αδερφός:

«Βρίσκονται εδώ τρεις όμορφες κοπέλες, που ήταν αιχμάλωτες τής Λάμιας. Με τη βοήθεια τους σκότωσα το άγριο θηρίο και τώρα που ελευθερώθηκαν, θα γίνουν γυναίκες μας!»

Πρώτη, λοιπόν, ανέβασαν τη μεγαλύτερη από τις κοπέλες που θα γινόταν γυναίκα τού μεγάλου αδερφού, έπειτα την αμέσως νεότερη για τον δεύτερο αδερφό και τέλος ήρθε και η σειρά τής μικρότερης να τη βγάλουν τα αδέρφια από το πηγάδι.

Εκείνη όμως στάθηκε για μια στιγμή, διότι όχι μόνον ήταν η

πιο όμορφη από τις άλλες, αλλά και η πιο έξυπνη, και είπε στον νέο που τον αγάπησε για το θάρρος του και τη γενναιότητα του:

«Πέρασε πρώτος εσύ, κι άφησε τα αδέρφια σου να με ανεβάσουν τελευταία, γιατί μόλις με βγάλουν από το πηγάδι και με δουν, θα τους κυριεύσει ο φθόνος και θα σε αφήσουν εσένα εδώ κάτω».

Όμως, το παλικάρι δεν ήθελε να ακούσει τα λόγια της. Τότε εκείνη άνοιξε το χέρι της και του έδωσε τρία καρύδια που έκρυβαν μέσα τρία φορέματα. Στο ένα φόρεμα ήταν κεντημένος ο ουρανός με τ' άστρα, στο δεύτερο η γη με τα λουλούδια και στο τρίτο η θάλασσα με τα ψάρια.

«Άκουσέ με» του είπε η κοπέλα. «Αυτά τα φορέματα είναι μοναδικά, και ποτέ ανθρώπου μάτι δεν ξανάδε τέτοια πολύτιμα κεντήματα. Αν έρθουν τα πράγματα όπως σου είπα, και δεν σε βγάλουν τα αδέρφια σου από το ξεροπήγαδο, να ξέρεις, πως εγώ ποτέ δεν θα δεχτώ να παντρευτώ κανέναν, εκτός από εκείνον που θα μου φέρει αυτά τα τρία φορέματα».

«Και πώς θα βγω από εδώ μέσα;» ρώτησε τότε το παλικάρι.

«Στο πρώτο δωμάτιο» του είπε η κοπέλα «θα σου παρουσιαστούν δυο κριάρια. Ένα άσπρο κι ένα μαύρο. Προσπάθησε να καβαλήσεις το άσπρο για να σε βγάλει στον άνω κόσμο, γιατί το μαύρο θα σε οδηγήσει στον κάτω κόσμο».

Έτσι είπε και πιάστηκε από το σκοινί που έριξαν τα αδέρφια μέσα στο πηγάδι, για να την τραβήξουν έξω. Όταν, όμως, τα δύο αδέρφια έξω από το πηγάδι αντίκρισαν την ομορφιά τής νεότερης κοπέλας, τους έπιασε φθόνος για τον αδερφό τους, κι αποφάσισαν να τον αφήσουν στο πηγάδι και να μην τον βγάλουν έξω. Άδικα τους φώναζε και τους παρακαλούσε. Αυτοί έφυγαν και τον άφησαν στο ξεροπήγαδο.

Θυμήθηκε τότε τα λόγια τής κοπέλας κι έτρεξε να μπει στο δωμάτιο με τα κριάρια. Πράγματι, παρου-σιάστηκαν μπροστά στα μάτια του δύο κριάρια, ένα άσπρο κι ένα μαύρο. Μόλις όμως πήραν είδηση το ένα το άλλο άρχισαν να παλεύουν και να γυροφέρνουν. Έτσι, ο άμοιρος νέος στην προσπάθειά του να καβαλήσει το άσπρο κριάρι που θα τον έβγαζε στον άνω κόσμο, βρέθηκε πάνω στο μαύρο. Αμέσως αυτό έγινε καπνός και τον πέταξε στον κάτω κόσμο, όπου το παλικάρι έπεσε πάνω στη στέγη ενός μικρού σπιτιού.

Σ' αυτό το σπιτάκι έμενε μια γριούλα. Μόλις άκουσε τον θόρυβο βγήκε στην αυλή της. Βλέποντας το παλικάρι το ρώτησε τι ζητούσε. Εκείνος της διηγήθηκε την περιπέτεια του, και τότε η καλή γριούλα τον κάλεσε να μείνει μαζί της και να τον προσέχει σαν να ήταν μάνα του.

«Έλα παιδί μου, να μείνεις κοντά μου» του είπε. «Εγώ θα σε προσέχω και θα σε φροντίζω, κι εσύ θα με βοηθάς στις δουλειές που εγώ δεν μπορώ στα γηρατειά να κάνω».

Ο νέος, μιας και δεν είχε άλλη επιλογή, δέχτηκε την πρόταση τής γριούλας. Έτσι, περνούσαν μέρες κι εβδομάδες, η γριούλα περιποιόταν το παλικάρι, μα αυτός ήταν στενοχωρημένος, καθώς ποθούσε την όμορφη κοπέλα τού πηγαδιού. Η σκέψη του ήταν πάντα κοντά της, και τίποτε άλλο δεν σκεφτόταν όλη μέρα, παρά έψαχνε έναν τρόπο να επιστρέψει στον άνω κόσμο.

Κάποια μέρα το παλικάρι, ενώ πάλι συλλογιζόταν την αγαπημένη του κοπέλα, άκουσε την καμπάνα να χτυπά πένθιμα. Και το χτύπημα τής καμπάνας ήταν σπαραξικάρδιο και δεν είχε σταματημό.

«Ποιος άραγε να πέθανε, και να χτυπά έτσι η καμπάνα, τόσο πένθιμα και για τόση ώρα;» ρώτησε το παλικάρι τη γριούλα.

«Τι να στα λέω, αγόρι μου» του αποκρίθηκε εκείνη. «Στη χώρα μας ζει ένα θηρίο, ένα άγριο τέρας. Κάθε χρόνο πρέπει να του θυσιάζουμε και από μια νέα κοπέλα, για να μας αφήνει να παίρνουμε νερό από την πηγή που φυλάγει. Έτσι, κάθε χρόνο χτυπά πένθιμα η καμπάνα μας, μα φέτος πιο λυπητερά ακόμα, γιατί φέτος έπεσε ο λαχνός στου βασιλιά τη θυγατέρα».

Έτσι είπε η γριούλα κι αναστέναξε βαριά. Το παλικάρι, όμως, που κι άλλη φορά τα είχε βγάλει πέρα μ' ένα τέρας, αποφάσισε να πάει να το σκοτώσει και να σώσει τού βασιλιά την κόρη.

«Πού είναι η πηγή που φυλάγει το θηρίο;» ρώτησε τη γριούλα, κι εκείνη του εξήγησε τον δρόμο. Πήρε τότε τη σφεντόνα του και τράβηξε προς το μέρος που του έδειξε η γριούλα. Στον δρόμο του πέρασε από το παλάτι τού βασιλιά και είδε την πένθιμη πομπή. Όλοι θρηνούσαν για την τύχη τής βασιλοπούλας και το παλάτι ήταν ντυμένο στα μαύρα. Ανέβηκε στο μέρος, όπου θα ερχόταν το θηρίο, και περίμενε. Κατέφτασε με θρήνους και η συνοδεία τής βασιλοπούλας κι αφού την αποχαιρέτησαν όλοι για τελευταία φορά, την άφησαν κι έφυγαν. Η βασιλοπούλα είδε τότε το παλικάρι να περιμένει κι έντρομη του είπε:

«Τι κάνεις εδώ νέε μου, δεν γνωρίζεις, πως σε λίγο θα έρθει το θηρίο; Φτάνει να θυσιαστεί ένας, μην παίζεις άσκοπα με τη ζωή σου!»

Αλλά εκείνος, όχι μόνον δεν άκουσε τα λόγια της, αλλά την παρακάλεσε να τον βοηθήσει να ανάψουν γρήγορα φωτιά και να ετοιμάσουν δαυλούς, για να κόψουν το κεφάλι τού θηρίου και να κάψουν την πληγή πριν προλάβει να φυτρώσει νέο.

Έτσι, ετοίμασαν τους δαυλούς και τότε το παλικάρι ξάπλωσε στην αγκαλιά τής βασιλοπούλας κι αποκοιμήθηκε. Δεν πρόλαβε όμως να τον πάρει καλά ο ύπνος, να που εμφανίστηκε μια Λάμια, ένα τέρας πιο άγριο από κάθε άλλο, και ούρλιαζε τρομακτικά. Μόλις είδε τους δύο νέους η Λάμια, γέλασε δυνατά.

«Έναν άνθρωπο είχα κάθε χρόνο, αλλά φέτος βλέπω δύο!» ούρλιαξε.

Η βασιλοπούλα τρομαγμένη βούρκωσε για την κακή τους τύχη, τη δική της και τού νέου, και τα δάκρυα της κύλησαν στο μέτωπο τού παλικαριού και το ξύπνησαν. Πετάγεται λοιπόν αυτός και με τη σφεντόνα του άρχισε να ρίχνει ασταμάτητα μέχρι που η Λάμια έπεσε στο έδαφος και κυλιόταν από τον πόνο στο αίμα της. Όρμησε τότε καταπάνω της, και ενώ έκοβε το κεφάλι της, έμπηγε στην πληγή αναμμένους δαυλούς. Μα οι δαυλοί δεν έκαψαν καλά την πληγή, κι έτσι πρόλαβε και φύτρωσε δεύτερο κεφάλι. Αλλά, το παλικάρι δεν έχασε το θάρρος του κι αφού έκοψε πάλι το κεφάλι τής Λάμιας, έμπηξε άλλον δαυλό στην πληγή. Ο δαυλός αυτός έκαψε καλά την πληγή και δεν μπόρεσε να φυτρώσει στη θέση της νέο κεφάλι.

Έτσι, κατάφερε και πάλι ο γενναίος νέος με τη βοήθεια τής βασιλοπούλας να σκοτώσει το άγριο θηρίο. Έκοψε τότε τη γλώσσα από το κάθε κεφάλι τής Λάμιας, κι έδωσε μια στη βασιλοπούλα, και την άλλη την κράτησε ο ίδιος.

Ένας υπασπιστής, όμως, που αγαπούσε την πριγκίπισσα,

παρακολούθησε τον άθλο τού νέου από μακριά. Όταν η κοπέλα πήρε τον δρόμο τού γυρισμού χαρούμενη για τη σωτηρία της, απάντησε τον υπασπιστή και του χάρισε τη γλώσσα τής Λάμιας. Φτάνοντας στο παλάτι φώναξε χαρούμενη τους γονείς της να δουν πως ζει, και να μάθουν πως το θηρίο θανατώθηκε.

«Ποιος είναι ο γενναίος που σκότωσε το τέρας;» ρώτησε ο βασιλιάς. «Όποιος και αν είναι, ας φανερωθεί και θα του δώσω την κόρη μου για γυναίκα!»

«Εγώ!» φώναξε τότε ο υπασπιστής. «Απόδειξη για τη γενναία μου πράξη, η γλώσσα τού θηρίου».

Και κράτησε ψηλά τη γλώσσα τής Λάμιας για να πιστέψουν όλοι πως αυτός τη σκότωσε. Έτσι, ετοιμάστηκε ο γάμος τής βασιλοπούλας με τον υπασπιστή.

Όταν, όμως, το παλικάρι γύρισε στο σπίτι τής γριούλας και της διηγήθηκε την περιπέτεια του και της έδειξε περήφανος τη γλώσσα τής Λάμιας που είχε μαζί του, αυτή έτρεξε αμέσως στο βασιλιά και του αποκάλυψε την αλήθεια. Έτσι, ο βασιλιάς κάλεσε το παλικάρι στο παλάτι, και όταν είδε και τη δεύτερη γλώσσα, θέλησε να δώσει σ' αυτόν την κόρη του, μιας και ήταν ο αληθινός σωτήρας της. Έτσι το είχε υποσχεθεί.

Αλλά, το παλικάρι, που αγαπούσε την κοπέλα τού πηγαδιού, δεν θέλησε να παντρευτεί τη βασιλοπούλα και να μείνει στον κάτω κόσμο. Ο βασιλιάς συγκινήθηκε τότε με την αγνή ψυχή τού παλικαριού και του είπε:

«Είσαι γενναίος, τίμιος και πιστός. Μάθε λοιπόν, πως όποτε χρειαστείς τη βοήθειά μου, μπορείς να έρθεις να μου τη ζητήσεις, κι εγώ θα κάνω ό,τι μου είναι δυνατό, για να σε βοηθήσω».

Τότε ο νέος διηγήθηκε την ιστορία του στο βασιλιά και του ζήτησε να τον βοηθήσει να ανεβεί και πάλι στον άνω κόσμο. Αλλά, ο βασιλιάς δεν ήξερε πώς να τον βοηθήσει κι έτσι το παλικάρι πήρε στεναχωρημένο πάλι το δρόμο του.

Την επόμενη μέρα βγήκε στον κήπο τής γριούλας και ξάπλωσε κάτω από ένα δέντρο έχοντας μαζί του πάντα τη σφεντόνα του. Νοσταλγούσε την αγαπημένη του και τη σκεφτόταν πολύ.

Πάνω στο δέντρο αετοί είχαν φτιάξει τη φωλιά τους, και μέσα σ' αυτήν τιτίβιζαν τα μικρά αετόπουλα. Ο νέος πρόσεξε, όμως, κι ένα φίδι, που πλησίαζε τη φωλιά, για να πνίξει τα μικρά πουλιά. Τράβηξε αμέσως τη σφεντόνα του και με μια ριξιά σκότωσε το φίδι. Αφού σιγουρεύτηκε πως τ' αετόπουλα δεν κινδύνευαν πια, ξεχάστηκε πάλι με τις σκέψεις του και αποκοιμήθηκε.

Μόλις επέστρεψαν οι γονείς αετοί και είδαν το παλικάρι κάτω από το δέντρο να κοιμάται πέταξαν κατά πάνω του να του επιτεθούν με τα ράμφη τους και τα γαμψά τους νύχια, επειδή τον θεώρησαν επικίνδυνο για τα πουλάκια τους. Αλλά εκείνα άρχιζαν να τιτιβίζουν δυνατά.

«Μην του κάνετε κακό!» είπαν στους αετούς γονείς. «Αυτός έσωσε τη ζωή μας, σκοτώνοντας το φίδι που θέλησε να μας πνίξει!»

Οι αετοί κάθε χρόνο μέχρι τότε κλωσούσαν μάταια τα αβγά τους. Μόλις μεγάλωναν λίγο τα πουλάκια τους, ερχόταν το φίδι και τα έπνιγε. Κι έτσι, αντί να επιτεθούν στο παλικάρι, άνοιξαν τις φτερούγες τους και του έκαναν σκιά, για να μην τον χτυπάει ο ήλιος στο πρόσωπο ενώ κοιμόταν.

Όταν ξύπνησε ο νέος και είδε τους αετούς να του κάνουν σκιά παραξενεύτηκε, αλλά οι γονείς αετοί τού είπαν:

«Πώς μπορούμε να ξεπληρώσουμε το καλό που μας έκανες, που έσωσες τα πουλάκια μας από το φίδι; Κάθε χρόνο έπνιγε τα παιδιά μας, κι αν δεν βρισκόσουν εσύ, πάλι μάταια θα τα είχαμε φροντίσει μέχρι τώρα».

«Μα σε τι μπορείτε, εσείς, τα πουλιά να με βοηθήσετε;» απάντησε τότε ο νέος.

«Πες μας, τι βαραίνει την ψυχή σου κι αναστενάζεις στον ύπνο σου» είπαν οι αετοί. «Ίσως μπορέσουμε να σε βοηθήσουμε».

Διηγήθηκε, λοιπόν, στους αετούς την ιστορία του και τους ρώτησε αν μπορούν να τον βοηθήσουν να πάει στον άνω κόσμο. Τότε οι αετοί τού είπαν:

«Για να σε ανεβάσουμε στον άνω κόσμο, πρέπει να μας φέρεις κρέας και κρασί. Γιατί το ταξίδι είναι μακρινό, και όσο θα πετάμε πρέπει να μας ταΐζεις».

Μα πού να βρει το παλικάρι τόσο κρέας και τόσο κρασί, ώστε να ταΐσει δυο τόσο μεγάλα πουλιά; Η γριούλα ήταν φτωχή και δεν θα μπορούσε να του δώσει, αν της τα ζητούσε.

Έτσι συλλογιζόταν ώσπου θυμήθηκε τον βασιλιά και την υπόσχεση που του είχε δώσει, ότι θα τον βοηθούσε σε ό,τι του ζητούσε.

Σηκώθηκε, λοιπόν, και πήγε στο παλάτι. Παρουσιάστηκε στον βασιλιά και του ζήτησε κρέας και κρασί. Ο βασιλιάς με μεγάλη προθυμία εκπλήρωσε την επιθυμία τού νέου. Χαρούμενος εκείνος αποχαιρέτησε τη γριούλα που τον είχε σαν γιο της μέχρι τότε, κι έδειξε το κρέας και το κρασί στα πουλιά. Εκείνα τον άρπαξαν με τα νύχια τους και χτυπώντας τις φτερούγες τους τον ανέβασαν στα ύψη.

Μόλις κράζαν οι αετοί τούς έδινε κρέας και κρασί κι εκείνοι δυνάμωναν και τον ανέβαζαν πιο ψηλά. Μα λίγο πριν φτάσουν στον άνω κόσμο το κρέας τελείωσε. Κράζαν τα πουλιά, μα κρέας δεν υπήρχε. Απελπισμένος ο νέος έκοψε τότε ένα κομμάτι από το πόδι του και τους το έδωσε. Μα εκείνα μύρισαν ότι το κομμάτι που τους έδωσε ήταν κρέας ανθρώπου και δεν το κατάπιαν, αλλά το κράτησαν κάτω από τη γλώσσα τους. Έτσι, έφτασαν στον άνω κόσμο.

Μόλις άφησαν το παλικάρι, είδαν ότι κούτσαινε, γιατί είχε κόψει το πόδι του. Τότε έβγαλαν το κομμάτι κρέας που τους είχε δώσει κάτω από τη γλώσσα τους και το κόλλησαν στο σημείο που έλειπε. Το παλικάρι ευχαρίστησε τα πουλιά για τη μεγάλη χάρη που του έκαναν, τα αποχαιρέτησε και πήρε τον δρόμο για την πατρίδα του.

Όταν έφτασε στην πατρίδα του, έμαθε πως μια πανέμορφη κοπέλα, που τη ζητούσαν τα αρχοντόπουλα για γυναίκα τους, δεν ήθελε να παντρευτεί κανέναν, παρά μόνον εκείνον, που θα της έφερνε τρία φορέματα. Πάνω τους έπρεπε να είναι κεντημένος ο ουρανός με τ' άστρα, η γη με τα λουλούδια και η θάλασσα με τα ψάρια. Εκείνην τη στιγμή ένιωσε απερίγραπτη χαρά, γιατί κατάλαβε πως η αγαπημένη του, του είχε μείνει πιστή.

Έβαλε τότε τελάλη να διαλαλήσει πως βρέθηκε ο άντρας με τα τρία φορέματα, κι έτσι οι δυο νέοι έσμιξαν πάλι, παντρεύτηκαν, απόκτησαν παιδιά, και πέρασαν τα χρόνια τους ευτυχισμένοι, ζώντας αυτοί καλά κι εμείς καλύτερα.

Die Lamia

Es waren einmal vor langer Zeit ein Bauer und eine Bäuerin und ihre drei Söhne. Die Bauern hatten einen Weinberg und inmitten des Weinbergs stand ein Apfelbaum, der jedes Jahr blühte und dann drei Äpfel trug. Diese waren aus reinem Gold.

Doch jedes Jahr, und noch bevor die armen Bauern die Früchte ernten konnten, kam ihnen jemand zuvor und nahm ihnen die goldenen Äpfel weg. Die Bauern sahen die Früchte wachsen, doch sobald sie reif wurden und sich in reines Gold verwandelt hatten, verschwanden sie vom Baum.

So verging ein Jahr nach dem anderen. Bald waren die Bauernsöhne zu jungen Männern herangewachsen. Wieder trugen die Apfelbäume ihre Früchte, und auch in diesem Jahr reiften nach und nach die drei goldenen Äpfel am Baum im Weinberg. Da sprach der älteste Sohn zu seinen Eltern:

»Es kann nicht sein, dass wir jedes Jahr auf unsere goldenen Äpfel warten und dass man sie uns jedes Mal im letzten Moment wegschnappt! Diesmal werde ich zum Weinberg laufen, um dort zu wachen und den Dieb zu stellen!«

Eines Abends, als der erste Apfel zu reifen begann und die goldgelbe Farbe annahm, lief der älteste Sohn zum Weinberg. Er setzte sich unter den Baum und bewachte ihn. Aber die Nacht war lang und er wurde sehr müde, sodass er bald einschlief. Als er am nächsten Morgen aufwachte, war der erste goldene Apfel bereits fort. Betrübt nahm er wieder den Weg nach Hause.

Am nächsten Tag begann der zweite Apfel zu reifen. Da erklärte sich der zweite Sohn bereit, den Apfelbaum zu bewachen, aber auch ihm sollte es nicht gelingen. Er schlief unterm Apfelbaum ein, und am nächsten Morgen war auch der zweite goldene Apfel fort. Er nahm den Weg nach Hause und sah noch, wie auch der dritte Apfel sich langsam golden färbte.

So war nun der jüngste Sohn an der Reihe den Baum zu bewachen. Er war fest entschlossen, den Dieb zu fassen und das Hab und Gut seiner Eltern zu beschützen. Schon früh am Abend nahm er den Weg zum Weinberg, setzte sich unter den Apfelbaum und wachte die ganze Zeit.

Gegen Mitternacht, als der Himmel voller Sterne war, hörte er ein Geräusch. Er setzte sich langsam und lautlos auf, spannte seine Steinschleuder, doch was er sah, ließ ihn erschaudern: Eine Lamia, eine abscheuliche Gestalt, ein grauenvolles Ungeheuer, bewegte sich auf den Baum zu, kletterte hinauf und griff mit seiner hässlichen Tatze nach dem goldenen Apfel. Doch noch bevor die Lamia den Apfel berühren konnte, wurde sie böse vom Stein getroffen, den der junge Bursche in ihre Richtung geschleudert hatte. Die Lamia stieß schmerzerfüllt einen jammervollen Laut aus und lief vor Schreck davon. Dabei tropfte ihr Blut auf den Boden.

So kam es, dass der jüngste der drei Söhne seinen Eltern den ersten goldenen Apfel brachte. Er erzählte ihnen und seinen Brüdern, was er gesehen hatte und wie es ihm gelungen war, die Lamia zu verjagen. Seine Brüder bewunderten seinen Mut und seine Tapferkeit und konnten es nicht erwarten, die Blutspuren der Lamia mit eigenen Augen zu sehen. Sie gingen also zu dritt hinauf auf den Weinberg, und tatsächlich, unter dem Apfelbaum sahen sie Blut.

»Lasst uns der Blutspur folgen!«, sagte sogleich der Älteste. »Sie wird uns in die Höhle der Lamia führen!«

Gesagt, getan. Sie folgten dem Blut, das aus der Wunde der Lamia zu Boden getropft war, bis sie an einen längst ausgetrockneten, tiefen Brunnen kamen.

»Da unten muss sie sich verstecken!«, sagte der zweitälteste Bruder. »Jemand sollte hinuntersteigen und sie töten!«

Keiner der beiden älteren Brüder konnte so viel Mut aufbringen, und so drängten sie den Jüngsten, in den Brunnen zu steigen. Jener bekam es mit der Angst zu tun, doch schließlich nahm er all seinen Mut zusammen und stieg hinunter in den Brunnen.

Dort unten folgte er einem Gang, der zu drei Kammern führte. Vorsichtig blickte er in die erste Kammer. Doch dort war nichts zu sehen. Und auch die zweite Kammer war völlig leer. Als er aber die dritte Kammer betrat, erblickte er drei schöne junge Frauen. Kaum hatten auch diese ihn bemerkt, sprangen sie verstört auf, liefen in seine Richtung und deuteten ihm, er solle fliehen.

»Flieh, sonst bist du verloren!«, sagten sie zu ihm.

»Was meint ihr?«, fragte er furchtlos. »Versteckt sich hier etwa ein Untier? Wenn dem so ist, dann werde ich es töten und euch befreien!«

Jene aber flehten ihn an, er möge fliehen, solange die Lamia noch schlief, denn sollte sie ihn in ihrer Höhle finden, würde sie ihn ohne zu zögern verschlingen.

»Es ist auch nicht so leicht, die Lamia zu töten«, gaben sie ihm zu verstehen, »denn sobald du ihr den Kopf abhackst, wächst ihr sofort ein neuer nach, der noch viel schrecklicher ist!«

Der tapfere Junge aber gab nichts darauf.

»Mit eurer Hilfe«, sagte er, »werde ich das Ungeheuer bezwingen. Sagt mir nur, was ich zu tun habe, damit es mir am besten gelingt.«

»Dann höre uns gut zu«, lenkten sie ein. »Ist die Lamia wach, so hat sie die Augen geschlossen, wenn sie aber schläft, sind ihre Augen geöffnet. Sieh also zu, dass sie die Augen offen hält, bevor du versuchst ihr den Kopf abzuhacken. Wir werden gleich ein Feuer machen und dir eine Fackel reichen. Damit wirst du die Wunde veröden, sodass ihr kein neuer Kopf nachwachsen kann.

So geschah es auch. Ganz vorsichtig und leise näherte sich der Junge der schlafenden Lamia. Und tatsächlich: Ihre Augen waren geöffnet. Aber sie atmete schwer, denn sie schlief tief und fest. Der Junge griff nach Schwert und Fackel und mit einem Hieb schlug er ihr den Kopf ab. Er verödete mit der Fackel sofort die Wunde und es konnte der Lamia kein neuer Kopf nachwachsen. So bezwang er die Lamia mit der Hilfe der drei jungen Frauen und gab ihnen die Freiheit zurück.

Er lief wieder zurück zum Eingang des Brunnens und rief aus der Tiefe hinauf nach seinen Brüdern. Jene freuten sich sehr, als sie ihn hörten, und riefen zurück. Da sagte der Jüngste aus dem Brunnen:

»Hier sind drei schöne junge Frauen, die hielt die Lamia gefangen. Mit ihrer Hilfe habe ich das Ungeheuer getötet, und jetzt, da sie frei sind, werden wir sie uns zur Frau nehmen!«

Als erstes holten sie die Älteste der jungen Frauen aus dem Brunnen, die die Gemahlin des ältesten Bruders werden sollte. Sofort danach die Zweitälteste und zuletzt war auch die Jüngste an der Reihe, aus dem Brunnen gezogen zu werden.

Jene aber hielt einen Moment lang inne, denn sie war nicht nur die Hübscheste von den dreien, sondern auch die Klügste. Sie sagte zu dem jungen Burschen, den sie wegen seines Mutes und seiner Tapferkeit schon sehr lieb gewonnen hatte:

»Geh du zuerst! Ich lass mich zuletzt hinauf ziehen. Denn wenn mich deine Brüder sehen, werden sie dich vor Neid nicht aus dem Brunnen holen wollen.«

Der junge Bursche hörte aber nicht auf sie. Da öffnete sie ihre Hand und gab ihm drei Nüsse. Darin waren drei Gewänder, die waren über und über mit Stickereien besetzt. Auf dem ersten sah man den Himmel und die Sterne, auf dem zweiten die Erde und die Blumen, auf dem dritten das Meer und die Fische.

»Gib Acht!«, sagte die junge Frau. »Diese Kleider gibt es kein zweites Mal auf der Welt. Kein Mensch hat je zuvor eine solch wertvolle Arbeit gesehen. Sollten dich deine Brüder also nicht aus dem Brunnen herausziehen, so wisse, dass ich mir niemanden zum Mann nehmen werde, außer jenen, der mir diese drei Kleider bringt.«

»Und wie soll ich hier herauskommen?«, fragte er.

»Geh in die erste Kammer«, antwortete die junge Frau, »und es werden zwei Widder erscheinen, der eine weiß, der andere schwarz. Sieh zu, dass du auf dem Weißen reitest, und er wird dich hinausführen. Steigst du aber auf den Schwarzen, so führt er dich in die Unterwelt.«

So sprach sie und griff nach dem Seil, das die zwei Brüder hinuntergelassen hatten und an dem sie die junge Frau aus dem Brunnen zogen. Als sie die junge Schönheit erblickten, wurden sie von Neid erfüllt, und sie beschlossen, ihren Bruder nicht aus dem Brunnen zu holen. Vergebens war sein Bitten und Klagen, sie gingen von dannen und ließen ihn zurück.

Der erinnerte sich an die Worte der schönen jungen Frau und

lief in die erste Kammer. Und es geschah, wie sie gesagt hatte: Es erschienen vor seinen Augen zwei Widder, der eine weiß, der andere schwarz. Als die Widder aber einander bemerkten, gingen sie wild auf einander los und kreisten um den Jungen herum. Und so kam es, dass der arme Bursche, beim Versuch auf den weißen Widder zu steigen, auf dem schwarzen landete und in die Unterwelt geführt wurde. Dort fiel er auf das Dach eines Häuschens.

In diesem Häuschen lebte eine alte Frau. Als die Alte das Gepolter hörte, lief sie hinaus, und sobald sie den jungen Burschen erblickte, fragte sie ihn, was er nur wollte. Jener erzählte ihr seine Geschichte und die gute Alte hatte Mitleid mit ihm. Sie ließ ihn bei sich wohnen und versprach, wie eine Mutter zu ihm zu sein.

»Komm, mein Junge, und bleib bei mir«, sagte sie zu ihm. »Ich werde für dich sorgen und dich pflegen, und du sollst mir im Gegenzug bei der Arbeit helfen, die ich allein nicht mehr schaffe.«

Er hatte keine andere Wahl und willigte daher ein. Es vergingen Tage und Wochen. Der Bursche hatte es bei der Alten gut, er aber war sehr betrübt, denn er begehrte die Schöne aus dem Brunnen. Seine Gedanken waren Tag und Nacht bei ihr und nichts anderes beschäftigte ihn mehr, als einen Weg zu finden, möglichst bald die Unterwelt zu verlassen.

Eines Tages, während er wieder von seiner Geliebten jungen Freundin träumte, begannen die Kirchenglocken traurig zu läuten. Und jeder Glockenschlag traf einen direkt ins Herz und wollte nicht verklingen.

»Wer mag nur gestorben sein, dass die Glocken so lange traurig läuten?«, fragte er die Alte.

»Ich weiß gar nicht, wo ich mit der Geschichte anfangen soll, mein Junge«, antwortete sie ihm. »In unserer Welt lebt ein Ungeheuer, eine schreckliche Bestie. Jahr für Jahr müssen wir ihm eine junge Frau opfern, sonst verweigert es uns das Wasser aus der einzigen Quelle, die wir hier haben und die es streng bewacht. Und so kommt es, dass jedes Jahr unsere Glocken traurig läuten, nur in diesem Jahr noch trauriger als sonst, denn heuer ist es die Königstochter, die das schwere Los gezogen hat!«

So sprach die Alte und seufzte. Der junge Bursche aber, der

schon zuvor seine Tapferkeit im Kampf gegen die Lamia bewiesen hatte, beschloss im Nu, auch diese Bestie zu töten und die Königstochter zu befreien.

»Wo befindet sich die Quelle, die das Ungeheuer bewacht?«, fragte er die Alte, und jene beschrieb ihm den Weg. Er nahm seine Steinschleuder in die Hand und folgte dem Weg, den ihm die Alte gezeigt hatte. Bald kam er am Schloss des Königs vorbei und dort sah er den Trauerzug. Alles beweinte die Königstochter und alles trug schwarz. Der junge Bursche lief auf den Platz, wo sich das Ungeheuer seine Beute holen sollte, und wartete. Bald kam der Trauerzug an und die Gefolgschaft der Königstochter nahm ein letztes Mal von ihr Abschied, bevor sie sie ihrem Schicksal überließen und sich von dannen machten. Als die Königstochter den jungen Burschen sah, erschrak sie und sagte:

»Was willst du hier, Junge, weißt du denn nicht, dass sogleich das Ungeheuer eintreffen wird? Es reicht doch, wenn einer geopfert wird, so spiele nicht leichtsinnig mit deinem Leben!«

Er aber hörte nicht auf diese Worte, sondern bat sie um ihre Hilfe, denn sie sollten schnell ein Feuer machen und Fackeln anzünden. Wie ehedem wollte er der Bestie den Kopf abschlagen und die Wunden mit brennenden Fackeln veröden, sodass nichts nachwachsen könne.

Also zündeten sie die Fackeln an und nach getaner Arbeit legte sich der junge Bursche in den Schoß der Königstochter und schlief ein. Kaum war er eingenickt, schon kam eine Lamia herbei, ein schreckliches Ungeheuer, das laut und furchterregend brüllte. Als die Lamia die zwei jungen Menschen sah, lachte sie:

»Einen Menschen bekam ich jedes Jahr geopfert, doch diesmal sehe ich zwei!«

Der Prinzessin kamen die Tränen, denn sie bedauerte ihr Schicksal und das Schicksal des jungen Burschen. Ihre Tränen fielen auf seine Wange und weckten ihn. Sofort sprang er auf und nahm mit seiner Steinschleuder die Lamia unter Beschuss. Er schleuderte so lange die Steine gegen das Ungeheuer, bis es blutüberströmt zu Boden fiel und sich vor Schmerzen krümmte. Da stürzte er auf die Lamia und schlug ihr den Kopf ab, während er zugleich eine Fackel in die Wunde legte. Aber diese Fackel brannte nicht stark genug und sofort wuchs aus der Wunde der Lamia ein neuer Kopf. Der tapfere Bursche aber verlor nicht den Mut. Mit einem starken Hieb hackte er der Lamia den neuen Kopf ab und nahm eine andere Fackel in die Hand. Diese brannte heiß genug, um die Wunde zu veröden, und so wuchs der Lamia kein neuer Kopf mehr daraus.

Auf diese Weise gelang es dem tapferen Jungen mit der Hilfe der Königstochter das Ungeheuer zu töten. Er schnitt aus den Köpfen der Lamia die Zungen heraus, gab eine Zunge der Königstochter, die andere aber behielt er für sich.

Währenddessen hatte ein Adjutant, der sich längst in die Königstochter verliebt hatte, das Geschehen aus der Ferne beobachtet. Als die Prinzessin voll des Glückes über ihre Rettung zurück ins Schloss lief, traf sie auf den Adjutanten und schenkte ihm die Zunge der Lamia. Im Schloss angekommen rief sie freudig aus, dass sie lebe, und dass das Ungeheuer tot sei.

»Wer ist der Held und Retter meiner Tochter?« fragte der König. »Wer es auch sein mag, er möge in Erscheinung treten und ich gebe sie ihm zur Frau!«

»Ich war es!«, rief der Adjutant. »Seht her, der Beweis meiner heldenhaften Tag: die Zunge der Lamia!«.

Und er hielt die Zunge in die Luft, damit ihm alle glaubten. Also machte man sich daran, die Hochzeit des Adjutanten und der Königstochter vorzubereiten.

Als aber der junge Bursche in das Häuschen der Alten zurück kehrte und ihr stolz sein Abenteuer erzählte und ihr die Zunge zeigte, lief sie sofort zum König und deckte die Wahrheit auf. Der König rief nach dem Jungen, und als er die zweite Zunge der Lamia zu sehen bekam, beschloss er dem wahren Helden und nicht dem Adjutanten seine Tochter zur Frau zu geben.

Aber der junge Bursche liebte das Mädchen aus dem Brunnen und wollte sich auf keinen Fall die Königstochter zur Frau nehmen und noch viel weniger für immer in der Unterwelt bleiben. Das rührte den König sehr und er sagte zu ihm:

»Tapfer bist du, ehrlich und treu. So wisse nun, dass du immer zu mir kommen kannst, solltest du meiner Hilfe bedürfen. Ich werde alles, was in meiner Macht steht, tun, um dir zu helfen.«

Der Bursche erzählte daraufhin dem König seine Geschichte und bat um Hilfe, die Unterwelt zu verlassen. Doch der König wusste nicht, wie er ihm in dieser Sache helfen sollte, sodass der junge Mann wieder traurig von dannen zog.

Am Tag darauf ging der Junge in den Garten der Alten und legte sich in den Schatten eines Baumes. Er hatte wie immer seine Steinschleuder bei sich. Er sehnte sich so sehr nach seiner geliebten Freundin aus dem Brunnen und dachte unentwegt an sie.

In jenen Baum hatten Adler ihren Horst gebaut und darin tschilpten ihre Jungen. Eine Schlange näherte sich ihnen und wollte sie verschlingen. Der Bursche sah die Schlange, zielte mit seiner Schleuder auf sie und tötete sie. Nun, da den jungen Adlern keine Gefahr mehr drohte, legte er sich wieder hin und schlief ein. Als die Elternvögel wieder zu ihrem Horst zurückgeflogen waren, sahen sie ihn dort liegen und aus Angst, er könnte ihrem Nachwuchs gefährlich werden, stürzten sie sich auf ihn, um ihn mit ihren scharfen Krallen und spitzen Schnäbeln zu vertreiben. Die jungen Adler aber riefen sofort:

»Tut ihm nichts, er hat uns vor der Schlange gerettet, die uns verschlingen wollte!«

Das hörten die Elternvögel mit großer Freude, denn Jahr für Jahr versuchten sie vergebens Junge aufzuziehen. Kaum waren die Küken etwas herangewachsen, kam die Schlange und verschlang sie. Also taten sie dem jungen Burschen nichts, sondern spannten ihre Flügel auf und schützten ihn vor der Sonne. Als er wieder erwachte, wunderte er sich sehr darüber, dass ihm die Vögel Schatten gespendet hatten. Und jene sprachen zu ihm:

»Wie können wir uns erkenntlich zeigen dafür, dass du unsere Kinder vor der Schlange gerettet hast? Sie kam jedes Jahr und verschlang sie und ohne deine Hilfe wären all unsere Mühen wieder umsonst.«

»Wie wollt ihr Vögel mir denn nützlich sein?«, fragte der Junge.

»Sag uns, was dich betrübt und weshalb du im Schlafe seufzen musst«, antworteten die Adler, »vielleicht finden wir einen Weg, dir zu helfen.«

Er erzählte ihnen nun seine Geschichte und er bat um Hilfe, die Unterwelt zu verlassen. Da sagten sie zu ihm:

»Bring uns Fleisch und Wein und wir werden dich aus der Unterwelt hinausführen. Der Weg ist weit, und du wirst uns füttern müssen, während wir fliegen!«

Wo sollte er nur so viel Fleisch und Wein auftreiben, um diese großen Vögel zu füttern? Die Alte war arm und von ihr war nichts zu erbetteln. So grübelte er eine Weile, bis ihm endlich der König einfiel. Dieser hatte ihm ja seine Hilfe versprochen, ganz gleich, wie und wann er dieser Hilfe bedürfen sollte.

Er machte sich auf und ging zum Schloss, wo er sich beim König meldete und um Fleisch und Wein bat. Der König kam diesem Wunsch gerne nach und gab ihm alles, was er begehrte. Voller Freude brachte nun der Junge den Vögeln das Fleisch und endlich nahm er auch Abschied von der Alten, die ihn lieb gewonnen hatte wie einen Sohn. Die Adler griffen ihn mit ihren Krallen und hoben ihn mit ihren Schwingen in die Luft. Sobald sie schrien, gab er ihnen Fleisch und Wein und diese kamen wieder zu Kräften und flogen höher und höher. Doch kurz bevor sie die Unterwelt verlassen sollten, ging das Fleisch zu neige. Die Adler schrien, doch es gab nichts mehr, was er ihnen hätte geben können. Also schnitt er sich aus Verzweiflung ein Stück von seinem Bein ab und gab es ihnen. Jene aber rochen, dass es Menschenfleisch war und schluckten es nicht, sondern behielten es unter ihrer Zunge. So schafften sie es, die Unterwelt zu verlassen.

Als sie ihn wieder auf die Erde ließen, sahen sie, wie er hinkte, denn er hatte sich ein Stück von seinem Bein abgeschnitten. Da schoben sie das Stück Fleisch unter ihrer Zunge hervor und hielten es an sein Bein und es wuchs wieder an. Der junge Bursche bedankte sich bei den Vögeln für den Dienst, den sie ihm erwiesen hatten, und trat den Weg in die Heimat an.

Dort angekommen hörte er als erstes, dass eine wunderschöne junge Frau, um deren Hand selbst Fürstensöhne angehalten hatten, sich allen Brautwerbern verweigerte. Nur jenen wollte sie ehelichen, der ihr drei Gewänder brachte. Sie sollten bestickt sein mit prächtigen Stickereien, die den Himmel und die Sterne, die Erde und die Blumen, das Meer und die Fische zeigten. Seine Freude war grenzenlos, denn er hatte verstanden: Seine geliebte Freundin war ihm treu geblieben. Er ließ also verkünden, er sei im Besitz der drei Kleider und so fand das junge Paar wieder zueinander. Sie wurden zu Mann und Frau, bekamen Kinder und lebten fortan glücklich und zufrieden.

Η Στρίγγλα

Ζούσε κάποτε ένας γεωργός με τη γυναίκα του στο κτήμα τους. Είχαν ένα αγόρι κι ένα κοριτσάκι που ήταν ακόμα πολύ μικρό. Έκαναν μια ήρεμη ζωή δουλεύοντας τη γη και φροντίζοντας τα ζώα τους. Πιο πολύ απ' όλα φρόντιζαν τα άλογα τους, που τα αγαπούσαν ιδιαίτερα. Κάποια μέρα, όμως, άρχισε να γίνεται πράγμα παράξενο. Λες και περνούσε κάθε νύχτα από τον στάβλο κάποιο άγριο ζώο, που κυνηγάει και τρομάζει τα άλογα. Έτσι, αυτά το έσκαγαν, χάνονταν και δεν γύριζαν πια πίσω.

Ο γιος τού γεωργού αποφάσισε, λοιπόν, να περάσει μια νύχτα στον στάβλο, για να πιάσει το άγριο ζώο που έκανε τη ζημιά. Φύλαξε ώρες πολλές, μα δεν είδε τίποτα. Κάποτε αποκοιμήθηκε, και όταν ξύπνησε το άλλο πρωί, τρόμαξε που είδε πως, ενώ αυτός κοιμόταν, χάθηκε ένα από τα καλύτερα άλογα τού πατέρα του. Σαστισμένος αποφάσισε να φυλάξει τα άλογα και την επόμενη νύχτα.

Την άλλη νύχτα περίμενε πάλι ώρες πολλές και φύλαγε, μα τίποτα δεν φάνηκε. Όπως ήταν κουρασμένος, αποκοιμήθηκε, και το επόμενο πρωί έλειπε κι άλλο άλογο.

Τότε αποφάσισε και για τρίτη φορά να δοκιμάσει την τύχη του. Για να μην αποκοιμηθεί και την τρίτη νύχτα, πήρε μια χούφτα στραγάλια μαζί του, ώστε να τα μασουλάει και να μένει άγρυπνος. Οι ώρες περνούσαν, μα τίποτα δεν φαινόταν. Παντού είχε απλωθεί η σιγή τής νύχτας και τα πάντα ήταν ήρεμα. Ο νέος νύσταζε, μα πάντα όταν κόντευε να τον πάρει ο ύπνος, έβαζε ένα στραγάλι στο στόμα του, κι έτσι έμενε άγρυπνος.

Πολύ αργά, μετά τα μεσάνυχτα, άνοιξε ξαφνικά η πόρτα τού στάβλου. Ο νέος τινάχτηκε τότε ψηλά, έτοιμος να αντιμετωπίσει κάποιο άγριο θηρίο, μα τι να δει: ήταν η μικρή του αδερφή που προχώρησε μέσα, κι άρχισε να κυνηγάει τα άλογα! Έντρομος τότε ο αδερφός, πήρε τη σφεντόνα του. Επειδή όμως δεν ήθελε να κάνει κακό στην αδερφή του, σημάδεψε το μικρό της δάχτυλο, όπου και την πέτυχε.

Την άλλη μέρα το πρωί φανέρωσε στους γονείς του αυτά που είδε, μα αυτοί δεν θέλησαν να τον πιστέψουν.

«Όνειρο είδες» του έλεγαν και γελούσαν μαζί του. Όταν, όμως, τους είπε ότι τραυμάτισε την αδερφή του με τη σφεντόνα του, η μάνα σηκώθηκε και πήγε να κοιτάξει τη μικρή. Είδε το χέρι της ματωμένο και τότε θύμωσε πολύ.

«Όχι μόνον μας λες ψέματα» μάλωσε τον γιο της, «αλλά για να μας ξεγελάσεις, έκανες και τη μικρή σου αδερφή, που δεν σου έφταιξε σε τίποτα, να πονέσει».

Ο γιος στενοχωρήθηκε τότε πολύ κι εξοργίστηκε που κανείς δεν τον πίστευε.

«Την αλήθεια σας λέω!» φώναξε. «Αλλά, αφού εσείς δε πιστεύετε τα λόγια μου, θα σηκωθώ να φύγω μακριά σας».

Έτσι, σηκώθηκε κι έφυγε από το σπίτι των γονέων του, να πάει μακριά να ξενιτευτεί.

Η μικρή αδερφή με τον καιρό μεγάλωνε κι αγρίευε όλο πιο πολύ. Όλα τα άλογα τους καθώς και τα άλογα των χωρικών και τα άλλα ζώα τού χωριού τα είχε κυνηγήσει. Φόβος και τρόμος κυρίευσε την περιοχή. Έπεσε φτώχεια, γιατί οι άνθρωποι δεν μπορούσαν να καλλιεργήσουν τα χωράφια τους. Τα ζώα τους είχαν αφανιστεί. Κανείς, ωστόσο, δεν μπορούσε να φανταστεί, ότι το χωριό δεν το απειλούσε κάποιο άγριο θηρίο. Έτσι, τα χρόνια περνούσαν, και η μικρή μεγάλωνε και συνέχιζε το έργο της.

Ο ξενιτεμένος γιος τού γεωργού γύρισε τον κόσμο και γνώρισε χώρες πολλές και πολιτείες. Πέρασε από μέρη πολλά και διέσχισε δάση πυκνά. Σ' ένα δάσος κάποια μέρα βρήκε δύο λιονταράκια, που είχαν χάσει τη μάνα τους, διότι την είχε χτυπήσει ένας κυνηγός. Τα πήρε μαζί του και τα μεγάλωσε, κι εκείνα τον ακολουθούσαν σαν αφέντη τους παντού, όπου κι αν πήγαινε. Όποτε τύχαινε και βρισκόταν σε κίνδυνο, τα φώναζε για βοήθεια, λέγοντας τα ονόματα που τους είχε δώσει: «Ασλάν, Καπλάν». Τότε εκείνα παρουσιάζονταν μπροστά του και τον προστάτευαν.

Πέρασαν είκοσι χρόνια και ο ξενιτεμένος γιος τού γεωργού πεθύμησε την πατρίδα του. Ήθελε να γυρίσει πίσω στο σπίτι του, να δει πάλι τους γονείς του και την αδερφή του. Κάποια μέρα λοιπόν, πήρε τον δρόμο τού γυρισμού. Όταν, επιτέλους, μετά από μακρινό ταξίδι έφτασε στο χωριό του, τρόμαξε με αυτά που είδε.

Το χωριό ήταν ερημωμένο και ακατοίκητο. Οι κήποι, που κάποτε ήταν περιποιημένοι και καταπράσινοι, τώρα ήταν γεμάτοι αγκάθια και ξερόχορτα. Οι στέγες των σπιτιών είχαν πέσει, και παντού κυριαρχούσε η φθορά. Φωνή δεν ακουγόταν, ούτε από άνθρωπο ούτε από ζώο, λες και ο τόπος ήταν καταραμένος και είχε χτυπηθεί από κάποια κακιά ώρα. Διότι, στο μεταξύ, οι περισσότεροι χωριανοί είχαν εγκαταλείψει το χωριό τους, για να αναζητήσουν την τύχη τους αλλού.

Όταν το ξενιτεμένο παλικάρι έφτασε στο παλιό σπιτικό του, αντίκρισε τους γέρους γονείς του που με μεγάλους κόπους αγωνίζονταν στα χωράφια, για να βγάλουν το ψωμί τους. Με μεγάλη χαρά υποδέχτηκαν τον γιο τους που δεν περίμεναν να ξαναδούν μετά από τόσα χρόνια, και του διηγήθηκαν αυτά που συνέβησαν στο χωριό.

Ο γιος τους κατάλαβε αμέσως ποιος έφερε την ευθύνη για αυτήν τη συμφορά, δεν θέλησε όμως να τους στενοχωρήσει, και δεν είπε τίποτα. Εξάλλου, δε θα τον πίστευαν, όπως και τότε, πριν είκοσι χρόνια, όταν είχε φύγει από το σπίτι. Γι' αυτό παρακάλεσε τους γονείς του να του κάνουν παρέα ως τα μεσάνυχτα. Ήθελε να τους δείξει κάτι πολύ σημαντικό. Έπρεπε, όμως, να πάνε στο στάβλο, κι εκεί να περάσουν τη νύχτα όλοι μαζί.

Οι γονείς του παραξενεύτηκαν, μα εφόσον τους το ζητούσε, δέχτηκαν να του κάνουν τη χάρη. Τής στρίγγλας, όμως, τής αδερφής του που κρυφάκουγε, δεν πολυάρεσε αυτό το σχέδιο. Αλλά, γέλασε μέσα της σαν να κορόιδευε γι' αυτά που τούς έλεγε εκείνος.

Έτσι, λοιπόν, οι γονείς με τον γιο τους μπήκαν στον παλιό, μισογκρεμισμένο στάβλο, που έμενε αχρεί-αστος πολλά χρόνια. Εκεί, ο γιος είχε δέσει το άλογο του. Ξάπλωσαν σε μια γωνιά και περίμεναν με αγωνία πατέρας και μητέρα. Ούτε που μπορούσαν να φανταστούν τι σήμαιναν όλα αυτά, και γιατί έπρεπε να περιμένουν στο στάβλο. Τι ήθελε ο γιος τους να τους δείξει;

Πέρασαν αρκετές ώρες, μα τίποτα το αξιοπερίεργο δεν συνέβη. Άρχισαν να νυστάζουν, και σε λίγο τους πήρε ο ύπνος. Ο γιος τους όμως έμεινε άγρυπνος.

Κατά τα μεσάνυχτα παρουσιάστηκε η αγριογυναίκα αναμαλλιασμένη. Όσο που φαινόταν στο λίγο φως τού φαναριού που είχαν κρεμασμένο στον τοίχο. Η Στρίγγλα κατευθύνθηκε προς το άλογο, και χωρίς να χάσει καιρό άρχισε να το αγριεύει. Το άλογο, καθώς ήταν δεμένο, από την τρομάρα του ανασηκωνόταν ψηλά και χλιμίντριζε, προσπαθώντας να κόψει τα σκοινιά και να το σκάσει.

Ο αδελφός τής Στρίγγλας μάταια προσπάθησε να την απομακρύνει αρπάζοντας την από τα άγρια, μακριά μαλλιά της. Ήταν πράγμα αδύνατο, διότι, η Στρίγγλα όχι μόνο τρόμαζε και κυνηγούσε το άλογο, αλλά τώρα προσπαθούσε και στον αδελφό της να κάνει κακό. Αφού τον έριξε χάμω, άρχισε να τον χτυπάει αλύπητα. Οι γονείς, που ξύπνησαν στο μεταξύ από την φασαρία τού αλόγου και από τις φωνές τού γιου τους, παράστεκαν τρομαγμένοι χωρίς να μπορούν να κάνουν τίποτα. Κοίταγαν μόνο, σαν να τα είχαν χαμένα. Τι μπορούσαν άλλωστε να κάνουν, για να συγκρατήσουν την άγρια γυναίκα που έβλεπαν; Τους είχε κυριεύσει ο φόβος για τη ζωή τού γιου τους, και ούτε που αναγνώρισαν στο άγριο αυτό τέρας την κόρη τους.

Ο γιος τους όμως, καθώς ήταν πεσμένος χάμω και χτυπημένος βαριά, θυμήθηκε τα δυο λιοντάρια, και χωρίς να χάσει άλλο καιρό φωνάζει: «Ασλάν, Καπλάν!».

Εκείνην τη στιγμή παρουσιάστηκαν τα δυο λιοντάρια και βλέποντας τον αφέντη τους πεσμένο χάμω και πληγωμένο, όρμησαν κι άρπαξαν τη Στρίγγλα, το ένα από το ένα πόδι και το άλλο από το άλλο πόδι, τόσο σφιχτά, που η Στρίγγλα δεν μπόρεσε να ελευθερωθεί. Και καθώς τα λιοντάρια τραβούσαν, αυτή σφάδαζε από τους πόνους και φώναζε.

Ο αδελφός, που τώρα είχε συνέλθει, ανασηκώθηκε, αλλά πόνεσε η καρδιά του όταν είδε την αδελφή του να υποφέρει. Τότε φώναξε στα λιοντάρια με δάκρυα στα μάτια:

«Σταματήστε! Όχι την αδελφούλα μου, μην τής κάνετε κακό!»

Τα λιοντάρια τραβήχτηκαν αμέσως στην άκρη μόλις άκουσαν τη φωνή του, κι έτσι η Στρίγγλα μπόρεσε να ελευθερωθεί.

Εκείνην τη στιγμή έγινε κάτι απίστευτο: στη θέση που

μαινόταν η στρίγγλα, βρέθηκε ξαφνικά η όμορφη αδελφή του. Διότι, τόσα χρόνια ήταν στοιχειωμένη, και μόνο τα δάκρυα τού αδελφού της ήταν ικανά να λύσουν τα μάγια μιας κακιάς μάγισσας, που κάποτε είχε περάσει από το κτήμα των γονέων τους. Ήταν πριν από πολλά χρόνια, όταν ακόμα όλοι ζούσαν χαρούμενοι κι έπαιζαν τα παιδιά στην αυλή. Τούς είχε ζηλέψει και είχε κάνει μάγια στην όμορφη κοπελίτσα, ώστε να γίνει αγριογυναίκα. Τώρα, όμως, τα δάκρυα την έσωσαν.

Οι γονείς σαστισμένοι, ακόμα δεν μπορούν να πιστέψουν στα μάτια τους, πως το άγριο τέρας που είχε καταστρέψει το χωριό, ήταν η κόρη τους. Αλλά, τώρα πια, χαρούμενοι όλοι μαζί μπήκαν στο μικρό τους σπιτάκι, που ήταν ετοιμόρροπο.

Από την επομένη κιόλας μέρα άρχισαν να χτίζουν από την αρχή το καινούριο τους σπίτι. Είχαν τώρα μεγάλους σκοπούς. Θα άρχιζαν και πάλι τη δουλειά στα κτήματα τους, κι έκαναν όνειρα για το μέλλον. Με τον καιρό θα φώναζαν πίσω τους παλιούς χωρικούς και κάποτε θα γέμιζε πάλι το χωριό με ανθρώπους και ζώα.

Έτσι κι έγινε. Όλοι οι παλιοί συγχωριανοί τους επέστρεψαν και το χωριό επανήλθε. Χτίστηκαν τα σπίτια τους, καλλιεργήθηκαν τα χωράφια τους, και με τα νέα ζώα τους οι χωρικοί ζούσαν τώρα πιο ευτυχισμένοι από πριν, επειδή η αλλοτινή δυστυχία τούς έγινε μάθημα και τους δίδαξε την αγάπη. Έζησαν όλοι καλά κι εμείς καλύτερα.

Die Furie

Es lebten einst ein Bauer und seine Frau auf ihrem Hof. Sie hatten einen Sohn und ein ganz junges Töchterchen. Die Familie führte ein einfaches Leben. Sie bestellten ihre Felder und sorgten für ihr Vieh. Mehr als alles andere kümmerten sie sich um ihre Pferde, die sie ganz besonders hegten und pflegten.

Eines Tages jedoch begannen sich seltsame Dinge zu ereignen. Es schien, als würde jede Nacht ein wildes Tier in den Pferdestall eindringen und die Pferde aufscheuchen und herumjagen. Diese nahmen dann Reißaus und kamen nicht mehr zurück.

Der Sohn beschloss nun die Nacht im Stall zu verbringen, um das wilde Tier zu fangen, das den Schaden anrichtete. Er wachte viele Stunden lang, doch nichts passierte. Irgendwann schlief er ein, und als er am nächsten Morgen wieder die Augen öffnete, musste er mit Schrecken feststellen, dass während er schlief, eines der besten Pferde seines Vaters verschwunden war. Er war sehr bestürzt über diesen Verlust, doch er beschloss, auch die Nacht darauf im Stall zu verbringen und Wache zu halten.

Er wachte wieder viele Stunden, doch auch diesmal geschah lange nichts. Er wurde sehr müde, und wieder schlief er ein, und am nächsten Morgen fehlte ein weiteres Pferd. Er wurde sehr traurig darüber, aber er wollte dennoch sein Glück ein drittes Mal versuchen. Um nicht auch diesmal einzuschlafen, steckte er sich eine Handvoll Kichererbsen in die Tasche. Sollte er müde werden, wollte er an einer Erbse knabbern und darüber wach bleiben.

Eine Stunde nach der anderen verging, doch nichts geschah. Über alles legte sich die Stille der Nacht und überall wurde es vollkommen ruhig. Er wurde sehr müde, doch bevor ihn der Schlaf überwältigen konnte, nahm er jedes Mal eine Kichererbse in den Mund, knabberte lange daran, und so gelang es ihm, wach zu bleiben.

Sehr spät, nach Mitternacht, öffnete sich plötzlich die Stalltüre. Er sprang auf und war fest entschlossen, auch das wildeste Tier zu bezwingen, doch was er sah, konnte er kaum glauben: Sein kleines Schwesterlein trat in den Stall und begann die Pferde aufzuscheuchen! Blass vor Schreck nahm er seine Steinschleuder in die Hand. Weil er ihr aber nichts Schlimmes antun wollte, zielte er auf ihren kleinen Finger, wo er sie auch traf und verwundete. Am nächsten Morgen berichtete er alles, was er gesehen hatte, seinen Eltern, aber sie wollten ihm nicht glauben.

»Du träumst …«, sagten sie zu ihm und schüttelten ungläubig den Kopf. Als er ihnen aber verriet, dass er mit seiner Steinschleuder den Übeltäter verletzt hatte, erhob sich die Mutter und ging zu ihrer Tochter. Sie sah, dass ihre Hand blutig war, und sie wurde darüber sehr zornig.

»Als ob es nicht reichte, dass du uns anschwindelst«, schimpfte sie ihren Sohn, »versuchst du uns auch noch hinters Licht zu führen und hast deinem kleinen Schwesterlein, das dir nichts getan hat, obendrein Schmerzen bereitet!«

Sie wollten ihm also nicht glauben, und das betrübte und erzürnte den jungen Mann sehr.

»Ich sage euch die Wahrheit!«, rief er. »Doch da ihr mir nicht glauben wollt, werde ich euch verlassen und in die Ferne ziehen!«

So verließ er das Haus seiner Eltern und begab sich in die Ferne, um sein Glück zu suchen. Die kleine Schwester aber wuchs heran und wurde immer wilder. Die Pferde der Bauern hatte sie schon längst verscheucht, und auch sonst war im Dorf kein Tier mehr vor ihr sicher. Angst und Schrecken befiel die ganze Gegend. Es kam große Not, denn die Bauern konnten ohne ihre Pferde die Felder nicht bestellen, und auch das übrige Vieh war ihnen abhanden gekommen. Niemand hätte sich denken können, dass das Dorf nicht, wie alle glaubten, von einem wilden Tier heimgesucht worden war. So verging die Zeit und das Mädchen wuchs heran, ohne von den Untaten abzulassen.

Der Sohn in der Ferne bereiste die Welt und sah vieler Herren Länder. Er wanderte durch so manche Gegend und durchstreifte tiefe Wälder. Eines Tages fand er in einem Wald zwei junge Löwen, die ihre Mutter verloren hatten, da ein Jäger die Löwin erlegt hatte. Der junge Mann nahm sich der Löwenjungen an und zog sie auf, und die Tiere betrachteten ihn fortan als ihren Meister und folgten ihm überall hin. Wenn er in Gefahr war, rief er nach ihnen um Hilfe. Er rief die Namen, die er ihnen gegeben hatte: »Aslan! Kaplan!« Da eilten sie sofort herbei und retteten ihn vor jeder Gefahr.

Es vergingen zwanzig Jahre und der Sohn in der Fremde sehnte sich nun nach seiner Heimat. Er wollte nach Hause kommen, seine Eltern und seine Schwester wiedersehen. Und eines Tages trat er den Heimweg an. Als er nach langer Reise endlich daheim angekommen war, erschrak er sehr über alles, was er sah. Das Dorf war nun menschenleer und sich selbst überlassen. Die Gärten, die einst grünten und blühten, waren nun von Dornengestrüpp und Unkraut übersät. Die Dächer der Hütten waren eingestürzt und überall herrschte der Verfall. Man hörte keine Stimme, weder die eines Menschen noch den Laut eines Tieres, ganz als wäre der Ort verwünscht und vom Unheil heimgesucht worden. Denn inzwischen hatten die meisten Bauern das Dorf verlassen und ihr Glück woanders gesucht.

Als er nun an das Haus seiner Eltern kam, sah er, wie die alten Leute sich auf dem Acker unter großen Mühen plagten, um sich ihr täglich Brot zu erarbeiten. Sie empfingen ihren Sohn mit großer Freude, denn sie hatten nicht mehr gehofft, ihn nach so vielen Jahren wiederzusehen. Sie erzählten ihm alles, was im Dorf geschehen war.

Der Sohn reimte sich schnell zusammen, wer die Schuld an diesem Unheil hatte, aber er wollte seine Eltern nicht betrüben. Sie würden ihm sicher nicht glauben, so wie vor zwanzig Jahren nicht, als er das Haus verließ. Er bat sie nur, aufzubleiben und ihm bis Mitternacht Gesellschaft zu leisten. Er sagte ihnen, er wolle ihnen etwas Wichtiges zeigen. Sie mussten nur alle gemeinsam die Nacht im Stall verbringen.

Die Eltern wunderten sich sehr, doch wollten sie ihrem Sohn diesen Wunsch nicht abschlagen und willigten ein. Die Furie, aber, seine Schwester, die heimlich zugehört hatte, war alles andere als erfreut. Doch dann lachte sie in sich hinein, als wollte sie ihren Bruder verhöhnen. So kam es, dass der Sohn und die Eltern in den alten, fast verfallenen Stall gingen, der schon seit Jahren ungenutzt war, und wo der Sohn sein Pferd hinein geführt und angebunden hatte. Sie ließen sich in einer geschützten Ecke auf den Boden nieder und warteten auf das, was geschehen sollte. Die Eltern konnten sich freilich keinen Reim darauf machen, was dies alles zu bedeuten hatte, warum sie im Stall warten sollten und was ihnen ihr Sohn zeigen wollte. Stunden vergingen, doch nichts geschah. Die alten Leute wurden müde und bald schliefen sie ein. Ihr Sohn aber wachte und wartete.

Gegen Mitternacht erschien die Furie, eine wilde Frau mit zerzaustem Haar, im Stall. Man konnte sie im blassen Schimmer der Lampe gerade noch erkennen. Die Furie bewegte sich auf das Pferd zu, und ohne lange zu zaudern, begann sie es aufzuscheuchen. Das arme Tier, das angebunden war, wieherte laut vor Schreck und stellte sich auf die Hinterbeine, während es verängstigt danach trachtete, sich loszureißen und davon zu galoppieren. Der Bruder versuchte vergebens, die Furie, die er an den Haaren gepackt hatte, fern zu halten, doch es gelang ihm nicht. Schlimmer noch, die Furie hatte es nicht nur auf das Pferd abgesehen, sondern war nun dabei, auch ihrem Bruder Übles anzutun. Sie warf ihn zu Boden und begann herzlos auf ihn einzuschlagen. Die Eltern, die durch diesen Tumult aus dem Schlaf gerissen wurden, sahen schreckerfüllt und wie versteinert dem Geschehen zu. Was hätten sie auch gegen diese wild gewordene Frau ausrichten können? Sie standen nur herum und waren wie gelähmt vor Sorge um ihren Sohn. Ihre Tochter hatten sie in der wilden Furie nicht erkannt.

Der Sohn lag am Boden, übel zugerichtet und schwer verletzt. Doch in seiner Not entsann er sich der zwei Löwen und im selben Moment rief er laut aus: »Aslan, Kaplan!«

Sofort erschienen die zwei Löwen, und als sie sahen, wie ihr Meister am Boden lag, stürzten sie sich auf die Furie und schnappten sie jeweils an einem Bein, sodass sie sich nicht mehr von der Stelle rühren konnte. Während die Löwen an ihr rissen, schrie sie vor Schmerz. Der Bruder aber, der gerade zu sich gekommen und wieder auf den Beinen war, fühlte mit ihr, da er spürte, wie sehr sie leiden musste, und das traf ihn ins Herz. Er rief mit Tränen in den Augen: »Genug! Hört auf, tut meinem lieben Schwesterlein nichts an!« Da ließen die Löwen sofort von ihr ab, und so kam die Furie wieder frei.

Und in jenem Moment ereignete sich das Unglaubliche. Die Furie änderte ihre Gestalt, und an ihrer Stelle erblickten sie seine schöne Schwester. Seit vielen Jahren war sie mit dem Bann einer bösen Hexe belegt, und allein die Tränen ihres Bruders hatten die Macht, diesen Zauber zu brechen. Es geschah einst, als die Hexe durch ihren Hof gelaufen war. Damals lebte die Familie noch glücklich und zufrieden und die Kinder spielten fröhlich im Garten. Das erfüllte die Hexe mit Neid und sie belegte das Mädchen mit einem Bann, aus ihr sollte eine Furie werden. Doch nun hatten sie die Tränen ihres Bruders erlöst.

Schon am nächsten Tag begannen sie alle zusammen ihr Häuschen neu aufzubauen. Sie hatten nun große Pläne. Sie wollten die Arbeit auf den Feldern wieder aufnehmen und ihre Träume für eine neue Zukunft verwirklichen. Mit der Zeit sollten die alten Bewohner des Dorfes wiederkommen und mit ihnen die Tiere. Und so geschah es. Alle einstigen Dorfleute kamen zurück und das Dorf erwachte wieder zu neuem Leben. Man baute sich sein neues Heim und die Felder wurden neu bestellt. Mit dem prächtigen Vieh und den frisch gepflügten Feldern waren die Bauern nun glücklicher als je zuvor, denn das erlittene Unglück hatte sie gelehrt, ihr Gut zu schätzen und einander zu achten. Von nun an lebten sie alle in Eintracht ein langes und zufriedenes Leben.

Μια φίλη και σαράντα κλέφτες

Μια φορά κι έναν καιρό ζούσαν σε μια μακρινή χώρα ένας βασιλιάς και μια βασίλισσα με τη μονάκριβη κορούλα τους. Κάποια μέρα, ο βασιλιάς και η βασίλισσα ξεκίνησαν για ένα μικρό ταξίδι. Τη βασιλοπούλα, όμως, την άφησαν στο παλάτι με την γκουβερνάντα της, για να περάσει πιο ευχάριστα. Η βασιλοπούλα τότε παρακάλεσε τους γονείς της, να της επιτρέψουν να καλέσει την καλή της φίλη στο παλάτι. Την είχε γνωρίσει σε μια από τις γιορτές τού παλατιού και την αγαπούσε πολύ. Οι γονείς της δέχτηκαν, κι έτσι, οι δυο καλές φίλες πέρασαν ευχάριστα και ξέγνοιαστα μαζί με άλλους φίλους που κάλεσαν να γιορτάσουν μαζί τους.

Σαράντα κλέφτες, όμως, μόλις έμαθαν ότι έλειπαν οι βασιλείς, καβάλησαν χωρίς να χάσουν καιρό τα άλογα τους και κατά τα μεσάνυχτα έφτασαν στο παλάτι που φεγγοβολούσε ολόκληρο. Μόλις είδαν το παλάτι φωτισμένο, αναρωτήθηκαν τι άραγε να συμβαίνει, αλλά επειδή κανείς τους δεν είχε ιδέα, αποφάσισαν να το ερευνήσουν. Ένας ληστής, λοιπόν, έκανε τον χωρικό και πήγε να ρωτήσει τους φρουρούς τού παλατιού. Οι φρουροί, χωρίς να υποπτευθούν το ληστή, του είπαν ότι η βασιλοπούλα γλεντούσε με τους φίλους της, τώρα που έλειπαν οι βασιλείς. Έτσι, ο ληστής έμαθε για το γλέντι και γύρισε στη συμμορία του, για να πει και στους άλλους ό,τι άκουσε.

Οι σαράντα κλέφτες τότε χαρούμενοι κατάστρωσαν το σχέδιο τους: θα περίμεναν μέχρι να διαλυθεί το γλέντι. Καθώς όλοι στο παλάτι κάποτε θα έπεφταν κουρασμένοι να κοιμηθούν, αυτοί θα περνούσαν μέσα, κι έτσι εύκολα θα μπορούσαν να το λεηλατήσουν. Ήταν αποφασισμένοι να περιμένουν, κι ας ήταν και μέχρι τα ξημερώματα. Ήξεραν, πως μια τέτοια ευκαιρία δεν θα τους δινόταν πάλι τόσο σύντομα.

Αργά μετά τα μεσάνυχτα άρχισε να διαλύει το γλέντι στο παλάτι, και οι πρώτοι καλεσμένοι έφευγαν σιγά-σιγά. Κάποτε, είχαν φύγει όλοι. Οι αυλικοί ήταν πια μεθυσμένοι, και κουρασμένοι έπεσαν στα κρεβάτια τους. Ένας μετά τον άλλον έσβησαν οι πολυέλαιοι στις κάμαρες. Ακόμα και οι φρουροί έγειραν το κεφάλι. Ησυχία και γαλήνη απλώθηκε παντού.

Τότε οι σαράντα κλέφτες, χωρίς να ενοχληθούν από κανέναν, πέρασαν στο παλάτι. Αλλά κάποιος δεν κοιμόταν. Η φίλη τής βασιλοπούλας καθόταν άγρυπνη κι αναπολούσε την ωραία βραδιά που πέρασε.

Οι σαράντα κλέφτες προχωρούν με προσοχή. Σκορπίζουν στο πέρασμα τους μια μαγική σκόνη που ζαλίζει όσους κοιμούνται και τους ρίχνει σε βαθύ ύπνο για μια μέρα και μια νύχτα. Σ' εκείνους, όμως, που τύχαινε να μην κοιμούνται, η σκόνη δεν έπιανε. Έτσι, η φίλη τής βασιλοπούλας δεν ζαλίστηκε ούτε ναρκώθηκε από τη μαγική σκόνη των ληστών.

Οι κλέφτες είχαν σκορπίσει λοιπόν στο πέρασμα τους τη μαγική σκόνη, κι έριξαν τους πάντες σε βαθιά νάρκη. Πιστεύοντας ότι όλοι κοιμούνται βαθιά, άρχισαν να θορυβούν, χωρίς να φοβούνται μήπως τους ακούσει κανείς. Μα η άγρυπνη φίλη τής βασιλοπούλας άκουσε τη φασαρία, κι άνοιξε μια σπιθαμή την πόρτα τής κάμαρας της, για να δει τι τρέχει. Αυτό που αντίκρισε, της φάνηκε απίστευτο: μέσα στο λίγο φως τού διαδρόμου μόλις που ξεχώριζε τις άγνωστες μορφές των σαράντα κλεφτών με τα μακριά τους μαλλιά και τα κουρελιασμένα τους ρούχα να κινούνται σβέλτα πέρα-δώθε.

«Ληστές!» πήγε να ξεφωνίσει, μα κρατήθηκε. Φοβισμένη έτρεξε κοντά στη βασιλοπούλα, μα τι να δει: η βασιλοπούλα κοιμόταν βαθιά και φαινόταν νεκρή, γιατί την είχε ναρκώσει η μαγική σκόνη τού ύπνου.

Στο μεταξύ οι σαράντα κλέφτες λεηλατούσαν το παλάτι. Ό,τι πολύτιμο έπεφτε στα χέρια τους το έριχναν στα μεγάλα τους σακιά και χαίρονταν για την πλούσια τους λεία. Πού να φανταστούν ότι κάποιος τους παρακολουθούσε...

Αφού γέμισαν τα σακιά τους, τα κατέβασαν στην αυλή και πήγαν να φέρουν τα άλογα τους. Ήθελαν να φύγουν πριν ξημερώσει. Τότε η φίλη τής βασιλοπούλας αποφάσισε να χαλάσει τα σχέδια των ληστών. Να, τι κάνει: Κατεβαίνει γρήγορα στην αυλή, και πριν προλάβουν να επιστρέψουν οι σαράντα κλέφτες με τα άλογα τους, σέρνει όλα τα σακιά πίσω στο παλάτι. Τέλος αρπάζει και το σπαθί τού αρχιληστή, και γυρίζοντας στο παλάτι μανταλώνει καλά τις βαριές, σιδερένιες πόρτες.

Να, που καταφτάνουν χαρούμενοι οι ληστές πάνω στα άλογα τους να φορτώσουν τα κλεμμένα. Μα, τι να δουν: Τα σακιά ήταν άφαντα και οι πύλες τού παλατιού κλειστές. Ξαφνικά ανάβει ένα φως και η νεαρή κοπέλα φωνάζει γελώντας από το μπαλκόνι:

«Όχι μόνον πήρα πίσω όλα τα πράγματα που κλέψατε, αλλά και το ωραιότερο σπαθί που βρέθηκε μπροστά μου, το σπαθί τού αρχιληστή! Και τώρα δεν έχετε άλλη δουλειά σ' αυτόν τον τόπο, τσακιστείτε λοιπόν! Φύγετε όσο είναι καιρός, γιατί σε λίγο ξημερώνει και θα επιστρέψουν ο βασιλιάς και η βασίλισσα, και μαζί τους οι βασιλικοί σωματοφύλακες. Αν σας βρουν εδώ, θα σας κρεμάσουν ανάποδα!»

Τα λόγια αυτά αντήχησαν στα αυτιά των σαράντα κλεφτών σαν δυνατές καμπάνες. Δεν ήξεραν πια, αν όλα αυτά ήταν πραγματικότητα, ή μόνον ένα φρικτό όνειρο. Πως ήταν δυνατό να τους ντροπιάσει έτσι μια κοπέλα, αυτούς τους ξακουστούς σαράντα κλέφτες, που ήταν ο φόβος και ο τρόμος τής περιοχής; Που κανείς μέχρι εκείνην τη στιγμή δεν τόλμησε να τους προσβάλλει; Και να που τώρα τους κορόιδευε μια νεαρή κοπέλα. Τι ντροπή ένιωσαν εκείνην τη στιγμή! Γρήγορα όμως η ντροπή τους μετατράπηκε σε μίσος τυφλό, γιατί η φίλη τής βασιλοπούλας στο μπαλκονάκι τους κορόιδευε από ψηλά.

Στην αρχή την πήραν με το καλό να τους επιστρέψει τους θησαυρούς που είχαν κλέψει - πράγμα αδύνατο. Αφού έτσι δεν κατάφεραν τίποτα, την παρακάλεσαν να τους δώσει τουλάχιστον το σπαθί τού αρχιληστή. Αλλά ούτε αυτή η επιθυμία τους εισακούστηκε. Μετά, αφού με το καλό δεν γινόταν τίποτα, άρχισαν να τη φοβερίζουν και να τής λένε:

«Εφόσον δεν μας δίνεις πίσω τα πράγματα μας, καλά θα κάνεις να μας δώσεις αμέσως το σπαθί να φύγουμε, γιατί αυτήν τη ντροπή δε θα την ξεχάσουμε ποτέ, κι αυτό θα μας το πληρώσεις. Όπου κι αν πας, δε θα μπορέσεις από μας να ξεφύγεις. Θα σε κομματιάσουμε!»

Μα η κοπέλα ούτε που έδινε σημασία σε αυτά που τής έλεγαν, παρά μόνον τους κορόιδευε και γελούσε μαζί τους, μέχρι που οι ληστές αναγκάστηκαν να πάρουν το δρόμο τού γυρισμού, γιατί σε λίγο ξημέρωνε και δεν ήθελαν να πιαστούν. Ο θυμός τους όμως ήταν τόσο μεγάλος, που σ' όλον τον δρόμο τής επιστροφής σχεδίαζαν πώς να τιμωρήσουν την κοπέλα.

Η φίλη τής βασιλοπούλας ήταν χαρούμενη και περήφανη για το κατόρθωμα της, και περίμενε με μεγάλη αγωνία, όσο ποτέ άλλοτε στη ζωή της να ξημερώσει. Και η μέρα δεν άργησε να δώσει το φως της. Τα πουλάκια χαρούμενα τραγουδούν τον καθημερινό τους σκοπό, σαν να μη συμβαίνει τίποτα. Μα στο παλάτι τα πάντα παραμένουν νεκρά. Κανείς δεν είχε ξυπνήσει ακόμα.

Όταν επέστρεψαν ο βασιλιάς και η βασίλισσα από το ταξίδι εκείνην την ημέρα, έμειναν σαστισμένοι κι άφωνοι. Πού ήταν οι φρουροί, πού βρισκόταν το προσωπικό; Γιατί δεν ακουγόταν φωνή; Τι είχαν γίνει όλοι στο παλάτι; Προχωρούν, λοιπόν, προς την πύλη κι αναρωτιούνται, τι άραγε θα αντικρίσουν μόλις περάσουν μέσα. Τότε μια χαρούμενη φωνή τούς καλωσόρισε. Ήταν η φωνή τής άγρυπνης κοπέλας. Πριν ακόμα μπορέσουν οι βασιλείς να ανασάνουν και να ρωτήσουν τι συμβαίνει, τους τα διηγήθηκε όλα. Φανταστείτε τη χαρά τους, που η μονάκριβη τους κόρη δεν είχε πάθει τίποτα και όλοι στο παλάτι ήταν καλά. Με δάκρυα χαράς αγκαλιάζουν την κοπέλα για να την ευχαριστήσουν, και την παρακαλούν να μείνει μαζί τους στο παλάτι. Να την παντρέψουν με το καλύτερο βασιλόπουλο ή αρχοντόπουλο που θα διάλεγε η ίδια.

Πέρασε κι εκείνη η μέρα και όλοι όσοι κοιμόνταν ναρκωμένοι από τη μαγική σκόνη τού ύπνου, ξυπνούν. Οι υπηρέτες και πάλι πηγαινοέρχονται, οι φρουροί παίρνουν τις θέσεις τους τρομαγμένοι γι' αυτό που τους είχε συμβεί και φοβούμενοι την οργή τού βασιλιά. Αλλά ο βασιλιάς, από τη χαρά του που κανείς δεν είχε πάθει κακό, δεν τιμώρησε κανέναν. Την επόμενη κιόλας μέρα κάλεσε όλους τους άρχοντες τής χώρας να γιορτάσουν μαζί τους. Έτσι πέρασε ο καιρός και όλοι ξέχασαν το επεισόδιο.

Τα χρόνια περνούσαν χαρούμενα και ξέγνοιαστα. Η βασιλοπούλα και η καλή της φίλη μεγάλωσαν μαζί σαν αδερφές περνώντας μια ευτυχισμένη ζωή. Κάποτε ήρθε η ώρα να παντρευτούν. Και όπως έγινε, πρώτη παντρεύτηκε η βασιλοπούλα. Πήρε για άντρα της το βασιλόπουλο από το γειτονικό βασίλειο και ζούσε μαζί του ευτυχισμένη. Ήρθε και η σειρά τής φίλης της να παντρευτεί. Η ομορφιά της ήταν ξακουστή. Οι προξενητάδες πάνε κι έρχονται, όλα τα βασιλόπουλα που τη γνωρίζουν, τη θέλουν για γυναίκα τους, μα η κοπέλα δεν δέχεται κανέναν. Έτσι, ο βασιλιάς διέταξε να έρθουν όλα τα παλικάρια τής χώρας και να περάσουν από το παλάτι για να διαλέξει η ίδια όποιον θελήσει.

Μόλις διαδόθηκε η διαταγή τού βασιλιά στη χώρα, από άκρη σε άκρη άρχισαν να καταφτάνουν οι υποψήφιοι. Η κοπέλα, που τώρα τη φωνάζανε κι αυτήν βασιλοπούλα, καθόταν στο μπαλκόνι και με περιέργεια παρακολουθούσε τα παλικάρια, μα κανείς δεν τής άρεσε. Η επίδειξη των γαμπρών συνεχίζεται, μα κανείς τής αρεσκείας της δεν παρουσιάζεται. Λυπημένα τα παλικάρια επέστρεφαν στα σπίτια τους.

Κάποια μέρα πέρασε από το παλάτι ένα παλικάρι που μίλησε στην καρδιά της. Ήταν ένα παλικάρι καβάλα στ' άλογο, με το σπαθί ζωσμένο στη μέση, κι έμοιαζε σωστό βασιλόπουλο. Η ομορφιά του δεν θάμπωσε μόνον τη νεαρή κοπέλα, αλλά τους πάντες στο παλάτι.

«Αυτός είναι!» αναφώνησε η κοπέλα. «Αυτός θα γίνει άντρας μου!»

Οι βασιλείς, ευχαριστημένοι με την καλή εκλογή τής παρακόρης τους, συμφώνησαν μαζί της. Η χαρά τής κοπέλας ήταν απερίγραπτη. Και ο υποψήφιος γαμπρός δεν έπεφτε παρακάτω. Μόνον που η δική του χαρά είχε να κάνει με κάποιο κρυφό σχέδιο του. Σχέδιο που ήθελε να φέρει σε πέρας εδώ και τόσα χρόνια.

Κανείς δεν θα φανταζόταν τον κρυφό σκοπό τού παλικαριού. Κανείς δεν ήξερε ποιος ήταν και από πού ερχόταν. Το παλάτι του ήταν χτισμένο στους πρόποδες ενός βουνού, πολύ μακριά, σε μέρος, που δεν το είχε δει ποτέ μάτι άλλου ανθρώπου, όπου έτρεχαν αδιάκοπα τα κρύα νερά, σε τόπο γεμάτο πρασινάδες και πλούσια δέντρα, όπου έβρισκες κάθε είδους πουλί και ό,τι ζώο μπορούσες να φανταστείς. Ο τόπος αυτός ήταν σωστός παράδεισος. Εκεί ζούσε με τα τριανταεννιά αδέρφια του. Εκεί έμεναν την ημέρα και τα βράδια κατέβαιναν στις πόλεις και στα χωριά, κι έκλεβαν ότι πολύτιμο έβρισκαν. Στα πλούτη ξεπερνούσαν όλα τα βασίλεια τού κόσμου. Αυτός, λοιπόν, ο νέος ήταν ο ληστής που του είχε αρπάξει η κοπέλα το σπαθί του. Ο αρχιληστής που είχε ορκιστεί να την εκδικηθεί. Η χαρά του, λοιπόν, δεν κρύβεται, όπως δεν κρύβεται και η χαρά τής νύφης, μόνον που δεν είναι για τον ίδιο λόγο: η κοπέλα χαίρεται που βρέθηκε ο άντρας τής καρδιάς της, ο αρχιληστής που έφτασε η ώρα τής εκδίκησης.

Ο γάμος, λοιπόν, ετοιμάζεται, οι μουσικοί άρχισαν να παίζουν και το παλάτι καίγεται από χαρά. Σαράντα ολόκληρες μέρες γίνεται το γλέντι με τους συγγενείς και γνωστούς τού γαμπρού και τής νύφης. Οι σαράντα μέρες πέρασαν και τώρα ο γαμπρός με τα αδέρφια του συνοδεύουν τη νύφη στο αρχοντικό τους. Οι βασιλείς, η κόρη τους και ο άντρας της αποχαιρετούν με δάκρυα στα μάτια τους νεόνυμφους. Και τα συμπεθεριά με μουσικές και τραγούδια τραβούν για το ονειρικό τους παλάτι, όπου θα συνεχιζόταν το γλέντι για άλλες σαράντα μέρες.

Μετά από ταξίδι ημερών φτάνουν στο πανέμορφο παλάτι. Τα μάτια τής νέας νύφης δεν πίστευαν αυτά που έβλεπαν.

«Τι λαμπρό παλάτι που είναι αυτό, Θεέ μου!», έλεγε και ξανάλεγε μέσα της, και δεν μπορούσε να πιστέψει ότι δεν ονειρεύεται, δεν μπορούσε να πιστέψει ότι σ' αυτόν τον παραδεισένιο τόπο θα ζούσε με τον ωραίο αγαπημένο της. Δεν ήξερε πού να πρωτοκοιτάξει, τόσο όμορφα ήταν τα πάντα. Αλλά, όσο και να της φαίνονταν απίστευτα όσα ζούσε, δεν μπορούσαν να είναι όνειρο, διότι κι εδώ το παλάτι ήταν ξεσηκωμένο για τον γάμο, διότι κι εδώ το προσωπικό πηγαινοερχόταν βιαστικά να στρώσει τα τραπέζια. Διότι κι εδώ χαίρονται τους νεόνυμφους. Παίζει η μουσική, χαίρονται ο γαμπρός και τα αδέρφια του για το κατόρθωμα τους. Επίσης λάμπει από χαρά και η νύφη, που δεν φαντάζεται τι την περιμένει. Το γλέντι άναψε, οι καλεσμένοι διασκέδαζαν, μεγάλοι και μικροί χόρευαν και γλεντούσαν.

Μόνον ένας μικρός, δεκάχρονος, καθόταν λυπημένος και παρακολουθούσε την όμορφη νύφη που ήταν τόσο χαρούμενη και ξέγνοιαστη. Τη λυπόταν τόσο πολύ, γιατί γνώριζε τι την περίμενε.

«Τι να κάνω;» έλεγε και ξανάλεγε μέσα του, «πώς να την προειδοποιήσω, πώς να τη σώσω απ' αυτό που την περιμένει;»

Τέλος παίρνει θάρρος και την πλησιάζει. Η νύφη χάρηκε, μόλις είδε τον μικρό, γιατί ήταν ο ανιψιός τού αρχιληστή και τον έσφιξε στην αγκαλιά της. Τότε ο μικρός βρήκε ευκαιρία να της μιλήσει και της είπε στα κρυφά:

«Καλή μου και όμορφη θεία, σήκω γρήγορα και φύγε, γιατί αυτός που παντρεύεσαι είναι ο ληστής που του είχες κλέψει το σπαθί. Σου το είχαν ορκιστεί, ότι θα σε εκδικηθούν με τον χειρότερο τρόπο, και τώρα ήρθε αυτή η στιγμή. Έχουν στρώσει με ξυράφια τον κήπο πίσω από το παλάτι για να σε κατακόψουν, έλα ακολούθησε με, για να το δεις η ίδια!».

Αυτό κι έγινε. Ο μικρός οδήγησε την κοπέλα στο πίσω μπαλκόνι. Η νύφη μόλις που μπορούσε να κρατηθεί στα πόδια της. Τι ήταν αυτό που έβλεπε; Ο κήπος ήταν πράγματι γεμάτος ξυράφια, όπως της είχε πει ο μικρός. Τα γόνατα της λύγισαν από τον τρόμο και η καρδιά της πήγε να σπάσει. Ο μικρός, όμως, την ταρακούνησε και της έλεγε και της ξανάλεγε να φύγει, γιατί μόλις θα περνούσαν οι σαράντα μέρες και θα έφευγαν οι καλεσμένοι, οι κλέφτες είχαν σκοπό να την κομματιάσουν. Δεν παίρνουν πίσω τον λόγο τους οι κλεφτολησταράδες!

Τι να κάνει τώρα η κοπέλα; Δεν έμενε καιρός ούτε να σκεφτεί. Αγκαλιάζει τον μικρό, τον ευχαριστεί και παίρνει δρόμο να φύγει. Έφυγε στα κλεφτά, χωρίς να την αντιληφθεί κανείς, από την πίσω πόρτα. Έφυγε, έτσι, όπως ήταν με το νυφικό και με το πέπλο. Με κλάματα έτρεχε ασταμάτητα, χωρίς να ξέρει πού πήγαινε. Έτρεχε θέλοντας να φτάσει πίσω στο παλάτι από όπου δολερά την ξεσήκωσαν οι κλέφτες. Αλλά, τώρα έπρεπε κάπου να κρυφτεί και να ειδοποιήσει με κάποιον διαβάτη ή χωρικό τον βασιλιά. Μα ήταν σκοτάδι, και δεν έβλεπε τίποτα σχεδόν. Μόνον έτρεχε κι έτρεχε, μέχρι που τα πόδια της δεν άντεχαν πια. Έτσι σταμάτησε, και κάθησε να ξεκουραστεί. Επειδή όμως δεν ήταν το μέρος ασφαλές, κι επειδή φοβόταν τα αγρίμια, ανέβηκε σ' ένα δέντρο κι έμεινε εκεί ψηλά που ένιωθε σιγουριά.

Δεν πρόλαβε να κλείσει τα μάτια της και άκουσε φωνές ανθρώπων. Ξύπνησε τρομαγμένη και κατάλαβε αμέσως ότι ήταν οι ληστές που μόλις αντιλήφθηκαν τη φυγή της, καβάλησαν τα άλογα τους, και σαν άγρια ζώα όρμησαν να την ψάξουν αναθεματίζοντας την. Απορούσαν για το ποιος να πρόδωσε το μυστικό τους. Ήταν όμως σίγουροι, πως θα την έβρισκαν, γιατί δεν μπορούσε να είχε φτάσει μακριά. Αυτά έλεγαν και ξανάλεγαν όταν κάθισαν κι αυτοί να ξεκουραστούν κάτω από το ίδιο δέντρο.

Η καρδιά τής κοπέλας πήγε να σπάσει από τον τρόμο που την κυρίευσε. Από την παραζάλη και τον φόβο τής φαινόταν ότι τα πάντα γύριζαν και οι φωνές των ληστών αντηχούσαν στ' αυτιά της σαν τύμπανα.

«Τώρα χάθηκα!» έλεγε μέσα της. «Το πρωί θα με βρουν, και τότε τέλειωσαν τα πάντα. Αποκλείεται να ξεφύγω ζωντανή».

Μα έπρεπε να κάνει κουράγιο, αν και τα μάτια της ήταν γεμάτα δάκρυα. Και όμως, φοβόταν τόσο πολύ μήπως προδοθεί από το κλάμα, που η φωνή της πνιγόταν στο λαρύγγι της.

Ξαφνικά σώπασαν τα πάντα. Τίποτα δεν ακούγεται. Οι ληστές, κουρασμένοι και πιωμένοι από το πολύ γλέντι τού γάμου, το έριξαν στον ύπνο κι άρχισαν να ροχαλίζουν. Όταν κατάλαβε η κοπέλα ότι όλοι κοιμούνται, κατέβηκε αργά-αργά από το δέντρο. Καθώς όμως κατέβαινε, δεν είδε στο σκοτάδι τα σπαθιά που είχαν ακουμπήσει οι ληστές στον κορμό τού δέντρου, κι έτσι έκοψε το δάχτυλο τού ποδιού της. Ο φόβος, όμως, δεν την αφήνει να σκεφτεί τον πόνο της. Το αίμα τρέχει, αλλά αυτή, παρότι το νιώθει, δεν αργοπορεί, μα φεύγει τρέχοντας. Τρέχει και όπου την βγάλει ο δρόμος. Ατέλειωτη τής φαίνεται η νύχτα και αργεί να ξημερώσει. Νά 'ξερε, τουλάχιστον πού πηγαίνει... Μόνον τρέχει στο σκοτάδι, μέχρι που επιτέλους ακούστηκαν βελάσματα προβάτων και γαβγίσματα σκύλων, κι άρχισε να ξημερώνει...

Μόλις ξύπνησαν οι ληστές και είδαν τα σπαθιά τους ματωμένα, κατάλαβαν, ότι η κοπέλα ήταν πάνω στο δέντρο χωρίς να την πάρουν είδηση.

«Γρήγορα να την προλάβουμε!» φώναξε ο αρχιληστής, και όλοι

καβάλησαν τα άλογά τους.

Στο μεταξύ η κοπέλα προχωρούσε προς το κοπάδι που είχε ακούσει από μακριά. Εκεί θα μπορούσε να ξαποστάσει λίγο, αλλά σύντομα άκουσε πίσω της τον καλπασμό των αλόγων. Τώρα τι να κάνει, κλαίει και τρέχει μέχρι που έφτασε στο κοπάδι.

Οι βοσκοί άκουσαν τα σκυλιά τους που γάβγιζαν ασταμάτητα, και σκέφτηκαν πως πρόκειται για κάποιον λύκο. Αλλά, όταν άκουσαν φωνές γυναίκας, έσπευσαν να δουν ποια ήταν και τι να ζητούσε εκείνην την ώρα, πρωί, χαράματα. Όταν ζύγωσαν και την αντίκρισαν, έμειναν άφωνοι. Τι έκανε σ' αυτήν την ερημιά νύφη στολισμένη;

Δεν πρόλαβαν να ρωτήσουν, και η κοπέλα, που δεν είχε να χάσει καιρό, τους παρακαλεί και λέει:

«Καλοί μου βοσκοί, κρύψτε με, με κυνηγούν ληστές, κι εγώ θα σας δώσω μια σειρά από τα φλουριά μου».

Οι βοσκοί όταν άκουσαν για φλουριά δεν έχασαν καιρό και την τύλιξαν στις κάπες τους. Έπειτα πέρασαν από την άλλη πλευρά τού κοπαδιού. Όταν, λοιπόν, πέρασαν από 'κει οι ληστές, δεν υποψιάστηκαν τίποτα, και ρώτησαν ευγενικά τους βοσκούς, μήπως και είδαν καμιά νύφη στολισμένη.

«Πού, σ' αυτήν την ερημιά, νύφη!» αποκρίθηκαν οι βοσκοί, που κάνουν πως δεν καταλαβαίνουν. Οι ληστές έφυγαν καλπάζοντας και η κοπέλα γλίτωσε. Ευχαρίστησε τους βοσκούς, τους χάρισε τα φλουριά που τους είχε τάξει, και πήρε τον δρόμο που της έδειξαν ως τον πιο κοντινό για το παλάτι.

Τώρα πια η μέρα σκόρπισε το φως της. Ο ήλιος λάμπει στον ορίζοντα και η κοπέλα τρέχει χαρούμενη να φτάσει στο παλάτι, νομίζοντας ότι οι ληστές απομακρύνθηκαν γελασμένοι. Όμως, ο κοντινός δρόμος που πήρε, ενώθηκε με τον δρόμο των ληστών και σύντομα ακούστηκαν πάλι οι φωνές τους και ο καλπασμός των αλόγων τους.

Φόβος γέμισε και πάλι την ψυχή της και το βάζει και πάλι στα πόδια. Τώρα πλησιάζει σ' ένα μικρό χωριό, που βρίσκεται κοντά στο παλάτι, μα αυτό δεν την καθησυχάζει, διότι οι ληστές όλο και ζυγώνουν. Αλλά μες στην απελπισία της, η καλή της τύχη πάλι τη βοηθάει. Ένας γεωργός όργωνε εκεί κοντά το χωράφι του. Τρέχει κοντά του και τον παρακαλεί:

«Καλέ μου γεωργέ, είμαι η βασιλοπούλα, κρύψε με, με κυνηγούν οι κλέφτες. Κρύψε με, και θα σου δώσω μια σειρά από τα φλουριά μου».

Όταν ο φτωχός γεωργός άκουσε τα λόγια της και είδε τα φλουριά να λάμπουν στο λαιμό της, ούτε καιρό έχασε, ούτε τον κίνδυνο σκέφτηκε. Σκάβει δυο αυλακιές και βάζει μέσα την κοπέλα, τη σκεπάζει με τις καλαμποκιές που είχε για να ταΐσει τα βόδια του, ρίχνει και από πάνω την κάπα του και το ασκί του, και συνεχίζει το όργωμα σαν να μην συνέβαινε τίποτα. Όταν μετά από λίγο πέρασαν οι κλέφτες και τον ρώτησαν για την κοπέλα, ο καλός γεωργός έκανε πως δεν καταλάβαινε για ποιο πράγμα τού μιλούσαν. Έτσι οι κλέφτες σταμάτησαν να ψάχνουν τη βασιλοπούλα, επειδή επιτέλους πίστεψαν πως την έχασαν, κι επέστρεψαν ντροπιασμένοι και οργισμένοι για την αποτυχία τους.

Ο γεωργός, όταν απομακρύνθηκαν οι ληστές, έβγαλε την κοπέλα από την αυλακιά. Της έδωσε να φάει από ό,τι φτωχικό είχε, γιατί ήταν πεινασμένη και κουρασμένη από την περιπλάνηση της. Την ανέβασε στο μικρό του κάρο και την πήγε στο παλάτι. Εκεί όλοι απορούν για την επιστροφή της αντικρίζοντας τα χάλια της και τα κουρελιασμένα ρούχα της. Οι βασιλείς δεν πίστεψαν στ' αυτιά τους, όταν άκουσαν αυτά που τους διηγήθηκε η παρακόρη τους. Αλλά, η χαρά τους ήταν μεγάλη, που κατάφερε και γλίτωσε.

Ευχαρίστησαν τον γεωργό, όχι μόνον με τα φλουριά που τους έταξε η κοπέλα, αλλά, του γέμισαν και το ασκί μαζί, κι εκείνος έφυγε χαρούμενος και πλούσιος και πήγε στην οικογένεια του.

Ο βασιλιάς έστειλε στρατό και κυνήγησε τους ληστές τόσο μακριά, που ούτε ξαναφάνηκαν και ούτε ξανακατέβηκαν πια για ληστείες από τη ντροπή τους, κι έτσι γλίτωσε ο τόπος από αυτούς. Την κοπέλα την πάντρεψαν τώρα μ' ένα από τα βασιλόπουλα που την αγαπούσε κι έζησαν ευτυχισμένοι και χαρούμενοι. Την ιστορία αυτήν τη διηγούνται ως τα βαθιά τους γηρατειά, πρώτα στα παιδιά τους κι αργότερα στα εγγόνια τους και τα δισέγγονα τους.

Eine Freundin und die vierzig Räuber

Es waren einmal in einem fernen Land ein König und eine Königin und sie hatten eine liebe Tochter. Eines Tages gingen der König und die Königin auf Reisen. Die Prinzessin aber, die ließen sie zurück im Schloss, wo sie sich mit ihrer Gouvernante die Zeit angenehmer vertreiben sollte. Da fragte die Prinzessin ihre Eltern, ob sie nicht ihre liebe Freundin in das Schloss einladen dürfe. Sie hatte sie auf einer der vielen Feierlichkeiten kennengelernt und sie sehr lieb gewonnen. Das Königspaar gestattete es. Die zwei Freundinnen und mit ihnen auch eine fröhliche geladene Gesellschaft verbrachten einen ausgelassenen und schönen Abend.

Die vierzig Räuber aber sattelten, sobald sie von der Reise des Königspaares erfuhren, ihre Pferde und ohne viel Zeit zu verlieren, kamen sie gegen Mitternacht an das Schloss, das im hellen Schein der Lüster erstrahlte. Als sie diesen Lichterschein sahen, fragten sie sich, was da wohl vor sich ginge, und da keiner von ihnen eine Antwort darauf wusste, beschlossen sie, es kurzerhand herauszufinden: Einer der Räuber gab sich als Bauer aus und trat an die Schlosswachen heran. Die Wachen erzählten munter, dass die Königstochter ein Fest gab und mit ihren Freunden ausgelassen feierte. So erfuhr der Räuber vom Fest und lief zurück zu seinen Kumpanen, um ihnen davon zu berichten.

Schnell heckten die Räuber einen Plan aus, und der ging so: Sie wollten warten, bis das Fest ausgeklungen war. Bald würde auch der letzte Gast müde das Bett aufsuchen. Dann wollten sie ins Schloss eindringen und es ohne viele Umstände plündern. Diese Gelegenheit, die sich ihnen so bald nicht wieder bieten würde, wollten sie sich auf keinen Fall entgehen lassen, und wenn es sein musste, waren sie bereit, bis zum Morgengrauen auszuharren.

Es wurde schon sehr spät, das Fest klang langsam aus und die ersten Gäste verließen nach und nach das Schloss. Es dauerte nicht lange und alle waren gegangen. Die höfische Gesellschaft war bereits betrunken und alle fielen erschöpft ins Bett. Einer nach dem anderem wurden die Lüster in den Sälen gelöscht. Selbst die Wachen schlossen müde die Augen. Eine friedvolle Ruhe legte sich über das Schloss.

Als es die Räuber nun betraten, gab es niemanden, der ihnen den Weg versperren sollte. Nur eine schlief nicht: Es war die Freundin der Prinzessin, die wach in ihrem Bett lag und an den rauschenden Abend dachte.

Die vierzig Räuber schritten mit der gebotenen Vorsicht voran. Auf ihrem Weg streuten sie ein Pulver, das jeden betäubte. Es versetzte die Schlafenden in einen noch tieferen, eine ganze Nacht und einen ganzen Tag währenden Schlaf. Nur den Wachenden konnte dieses Pulver nichts anhaben. So kam es, dass im ganzen Schloss einzig die Freundin der Prinzessin noch bei Sinnen blieb.

Die Räuber hatten nun das Schlafpulver in alle Ecken des Schlosses verstreut und alle Schlafenden damit betäubt. Im Glauben, dass nun alle tief und fest schliefen, begannen sie zu lärmen und kümmerten sich nicht darum, ob man sie hören könnte. Die Freundin der Prinzessin vernahm den Lärm und öffnete ihre Türe einen Spalt breit, um zu sehen, was vor sich ging. Was sie sah, konnte sie fast nicht glauben: Im blassen Widerschein konnte sie die Umrisse der Räuber zwar kaum erkennen, doch sie sah genug, um ihre Gestalt auszumachen, ihre langen Haare und die zerlumpten Kleider zu erahnen und um mitzubekommen, wie sie flink hin und her liefen.

»Räuber!«, hätte sie fast ausgerufen, doch sie konnte sich gerade noch zurückhalten. Ängstlich lief sie zur Prinzessin. Jene aber schlief tief und fest und regte sich nicht, denn das Schlafpulver hatte sie bereits betäubt.

Im Nu plünderten die vierzig Räuber das Schloss. Alles, was wertvoll war und ihnen in die Hände fiel, beförderten sie in große Säcke, und sie freuten sich sehr über die reiche Beute. Nur ahnten sie nicht, dass sie beobachtet wurden. Sobald sie ihre Säcke gefüllt hatten, brachten sie alles hinaus, stellten die Sachen in den Hof und gingen ihre Pferde holen. Sie wollten mit der Beute fort, noch bevor der Morgen graute.

Doch die Freundin der Prinzessin sollte den ganzen Plan zunichte machen. Und tatsächlich: Sie lief schnell in den Hof und schleifte die Säcke mit dem Diebesgut zurück ins Schloss, noch bevor die Räuber auf ihren Pferden in den Hof geritten kamen. Schließlich schnappte sie sich noch das Schwert des Anführers, rannte ins Schloss, und verriegelte die schweren Eisentüren.

Schon bald kamen die Räuber auf ihren Pferden geritten und wollten voller Freude die reiche Beute einsammeln. Doch die Säcke waren verschwunden und die Pforten des Schlosses verriegelt. Plötzlich wurde ein Licht angezündet und die Stimme einer jungen Frau schallte aus dem Schloss, als sie auf einem Erker erschien und ihnen lachend zurief:

»Seht her, ich hab nicht nur das Diebesgut wieder zurückgeholt, auch das Schwert eures Anführers, das schönste, das ich gefunden habe, halte ich in Händen! Nun aber habt ihr hier nichts mehr verloren. Geht also eures Weges! Flieht solange es noch Zeit ist, denn bald bricht der Morgen an, und der König und die Königin werden in Begleitung ihrer Musketiere jeden Moment hier eintreffen.«

Wie lautes Glockengeläut schallten diese Worte in den Ohren der Räuber, sodass sie nicht mehr ihren Sinnen trauten und zu träumen glaubten. Wie konnte es nur geschehen, dass sie, die berüchtigten vierzig Räuber, der Schrecken jener Gegend, derart von einer jungen Frau hinters Licht geführt wurden? Noch nie hatte es einer gewagt, sie zu verhöhnen. Und nun war es soweit gekommen, dass ein Mädchen sich über sie lustig machte.

Ihre Schmach war groß, doch bald schon verkehrte sie sich in einen blinden Zorn, denn die Freundin der Prinzessin ließ nicht davon ab, sie von ihrem Erker aus zu verlachen und zu verspotten.

Zu Anfang versuchten sie noch mit freundlichen Worten sie dazu zu bringen, ihnen das Diebesgut zu überlassen – ein Ding der Unmöglichkeit. Da nichts zu holen war, bettelten sie um das Schwert des Anführers. Doch auch dieser Wunsch wurde ihnen nicht gewährt. Da mit Bitten und Betteln nichts zu holen war, begannen sie der jungen Frau zu drohen und sprachen: »Auch wenn du uns die Schätze nicht überlassen willst, so wirst du doch gut daran tun, uns das Schwert unseres Anführers zu geben. Sonst werden wir uns immer an diese Schmach erinnern und das wird dich teuer zu stehen kommen. Wo auch immer du dich verstecken magst, du wirst uns nicht entkommen. Wir werden dich ausfindig machen und in Stücke reißen!«

Aber die junge Frau hörte gar nicht mehr auf diese Worte. Sie verlachte die Räuber, bis jene davonreiten mussten, denn der Morgen brach an, und sie wollten nicht erwischt werden. Ihr Zorn aber war groß und sie suchten eifrig nach Wegen, der Freundin der Prinzessin alles heimzuzahlen.

Sie aber war glücklich und sehr stolz auf ihren Erfolg. Voller Ungeduld wartete sie darauf, dass es Tag werde, so ungeduldig wie noch nie in ihrem Leben. Und es dauerte nicht lange, bis der neue Morgen kam und die Vögel fröhlich ihr Lied anstimmten, als wäre nichts geschehen. Im Schloss, freilich, blieb alles still. Alles schlief noch tief und fest.

Es verschlug dem König und der Königin die Sprache, als sie an jenem Morgen endlich wieder im Schloss angekommen waren. Warum schliefen die Wachen? Wo war die Dienerschaft? Warum hörte man keinen Laut? Was war mit dem Hofstaat geschehen? Sie traten an die Pforten des Schlosses und fragten sich, ob sie nicht doch jemandem begegnen würden. Eine fröhliche Stimme hieß sie willkommen. Es war die Stimme der lieben Freundin. Und sie erzählte munter drauf los, noch bevor das Königspaar danach fragen konnte, was geschehen war.

Man stelle sich nur die Freude der Könige vor, darüber, dass ihrer lieben Tochter nichts zugestoßen war, und auch, dass es allen anderen im Schloss gut ging. Sie umarmten dankbar die junge Frau und Tränen der Erleichterung stiegen ihnen in die Augen. Mehr noch, sie ersuchten sie, fortan bei ihnen im Schloss zu bleiben. Sie würden für sie sorgen und sie mit dem besten Prinzen im Land vermählen.

Bald verging dieser Tag und alle im Schloss, die bis dahin noch vom Schlafpulver betäubt gewesen waren, erwachten nach und nach. Die Dienerschaft lief wieder hin und her, die Wachen standen wieder an ihren Posten, noch ganz verstört über alles, was geschehen war, und in Erwartung des königlichen Zornes. Doch der König war glücklich darüber, dass niemandem etwas zugestoßen war, und sah davon ab, jemanden zu bestrafen. Schon am nächsten Tag lud er die Fürsten des Landes zu sich ein und gab ein rauschendes Fest. Die Zeit verging und alle vergaßen, was geschehen war.

So ging das Leben voller Freude und ohne Sorgen weiter. Die Prinzessin und ihre liebe Freundin waren nun erwachsen. Eines Tages war die Zeit gekommen, sich nach einem Bräutigam umzusehen. Und so kam es, dass die Königstochter sich als erste verheiratete. Sie ließ sich mit den Prinzen aus dem Nachbarland trauen und lebte fortan glücklich an seiner Seite. Dann war die Freundin an der Reihe.

Ihre Schönheit war ihm ganzen Land bekannt. Die Heiratsvermittler kamen von überall her und alle Prinzen, die sie sahen, wollten sie sich zu Frau nehmen, doch die junge Frau wies sie alle ab. Also beschloss der König, dass alle heiratswilligen jungen Männer des Landes zum Schloss kommen und sich ihrer Wahl stellen sollten.

Kaum wurde der königliche Erlass verkündet, schon eilten aus allen Ecken des Landes die Brautwerber herbei. Die junge Freundin, die nun zur Prinzessin ernannt wurde, begab sich auf den Balkon und warf einen Blick auf die Burschen, doch keiner wollte ihr so recht gefallen. Die Schau setzte sich fort, aber die Prinzessin konnte sich für niemanden erwärmen und die Bewerber mussten schließlich betrübt ihres Weges ziehen.

Eines Tages aber kam ein junger Mann zum Schloss, der ihr Herz höher schlagen ließ. Er sah aus wie ein echter Prinz, so wie er auf dem Pferd saß und das Schwert am Gürtel trug. Und seine edle Gestalt blendete nicht nur die Prinzessin. Der gesamte Hofs taat war entzückt.

»Er ist es!«, rief die Prinzessin, »Er allein soll mein Gemahl werden!«

Das Königspaar war sehr zufrieden mit der Wahl der Stieftochter und sie gaben ihr ihren Segen. Die Begeisterung der Prinzessin kannte keine Grenzen, und auch der Bräutigam konnte seine Freude kaum verbergen. Nur dass diese Freude allein mit seinem Plan zu tun hatte, endlich nach Jahren eine offene Rechnung zu begleichen. Niemand hatte auch nur die leiseste Ahnung von diesem Plan. Niemand wusste, wer er war, und woher er kam. Man sagte, sein Schloss sei in weiter Ferne am Fuße eines Berges errichtet. Dort würden unaufhörlich kühle Bäche durch ein Tal saftigen Grüns und üppiger Bäume fließen, wo sich Tiere und Vögel jeder Art einfanden, die man sich kaum vorstellen könnte. Dieser Ort sei so schön wie das Paradies …

Und tatsächlich, dort lebte er mit seinen neununddreißig Brüdern. Sie versteckten sich tagsüber und in der Nacht fielen sie über die Ortschaften her und raubten, was ihnen in die Hände fiel. Reicher waren sie als sämtliche Könige der Welt. Und er war der Anführer der Meute, jener Anführer, dem einst die Prinzessin das Schwert gestohlen hatte. Er hatte sich damals geschworen Rache zu üben. So waren sie heute beide voller Freude, nur beide aus ganz verschiedenem Grund: Die Prinzessin, weil sie den Prinzen ihrer Träume gefunden hatte, und der Räuber, weil die ersehnte Stunde der Abrechnung nahte.

Nun wurde alles für die Hochzeit vorbereitet. Die Musikanten spielten auf ihren Instrumenten und das ganze Schloss feierte. Vierzig ganze Tage dauerte das Fest und die gesamte Sippschaft war geladen. Die vierzig Tage vergingen bald und nun war es an der Zeit, die Braut im Gefolge der neununddreißig Brüder in das eigene Schloss zu führen. Das Königspaar und ihre leibliche Tochter verabschiedeten mit feuchten Augen die frisch Vermählten. Und jene zogen mit Musik und Gesang in ihr Traumschloss, wo das Fest weitere vierzig Tage gehen sollte.

Nach einigen Tagesritten kamen sie an. Die Prinzessin traute kaum ihren Augen: »Herr im Himmel, was für ein wundervolles Schloss!«, sagte sie bei sich und rieb sich die Augen. Sie konnte es kaum fassen, dass sie fortan an diesem wunderbaren Ort an der Seite ihres edlen und geliebten Prinzen leben sollte. Bei all der Pracht wusste sie nicht, wohin sie zuerst sehen sollte. Doch ohne Zweifel konnte dies alles kein Traum sein. Auch hier war das ganze Schloss auf den Beinen, um die Hochzeitsfeier vorzubereiten, auch hier rannten die Dienstboten geschäftig hin und her, um die Tafeln zu decken. In gleicher Weise wollte man die frisch Vermählten feiern, und auch hier sollten die Musikanten spielen. Auch hier erbauten sich der Bräutigam und seine Brüder über ihren geglückten Plan. Und auch die Braut strahlte vor Freude, nichtsahnend über das, was kommen sollte. Das Fest wurde eröffnet und die Gäste, ob jung, ob alt, tanzten und feierten.

Nur ein kleiner Junge, kaum zehn Jahre alt, freute sich nicht mit ihnen, sondern beobachtete traurig die schöne Braut, die so glücklich und heiter war.

»Was soll ich nur tun?«, fragte er sich immer und immer wieder. »Wie kann ich sie vor diesem Unglück bewahren?«

Endlich fasste er den Mut, sich ihr zu nähern. Die Braut freute sich sehr, ihn zu sehen, denn er war der kleine Neffe ihres Bräutigams, und schloss ihn in ihre Arme. Der Kleine nutzte diese Gelegenheit und flüsterte ihr im Geheimen zu:

»Liebste Tante, mach dich auf und flieh', denn du heiratest den Räuber, dem du einst das Schwert gestohlen! Damals schworen sie üble Rache und nun ist diese Zeit gekommen. Im Garten hinterm Schloss wurden zahllose Klingen aufgestellt, damit du dich daran zerschneidest. Komm, folge mir, und sieh' selbst!«

Sie folgte dem Jungen und er führte sie auf die Veranda. Da verließen sie fast ihre Kräfte. Der Garten war mit Klingen gespickt, so wie es ihr der Kleine erzählt hatte. Ihre Knie wurden bei diesem Anblick weich vor Schreck, und was sie sah, brach ihr das Herz. Der Junge rüttelte sie auf und redete auf sie ein, sie solle endlich fliehen, nur schnell fliehen, denn kaum seien die vierzig Tage vorüber und die Gäste gegangen, würde man sie in Stücke reißen. Ganz bestimmt blieben die Räuber bei ihrem einst gefassten Entschluss.

Was sollte die junge Frau nun tun? Es blieb ihr kaum Zeit, einen Gedanken zu fassen. Sie umarmte den Jungen, dankte ihm und flüchtete. Sie rannte, ohne dass jemand es bemerkte, noch im Brautkleid und Schleier gehüllt über den Hintereingang davon. Weinend lief sie, ohne zu wissen wohin. Sie wollte nur wieder zurück nach Hause, wo man sie mit List weggelockt hatte.

Sollte sie sich vielleicht verstecken, und einen Wanderer oder Bauern zum König schicken? Doch es war dunkle Nacht und sie konnte kaum den Weg sehen. Also lief sie nur drauf los und immer weiter, bis ihre Füße sie kaum noch tragen konnten. Endlich machte sie Rast und ließ sich auf die Erde nieder. Da aber der Ort gefährlich war und sie sich vor den wilden Tieren fürchtete, kletterte sie auf einen Baum, wo sie sich sicherer fühlte.

Kaum hatte sie nach einer Weile ihre Augen geschlossen, schon wurde sie von lauten Stimmen geweckt. Sie schrak auf und begriff sofort, dass es die Räuber waren, die, sobald sie ihre Flucht bemerkt hatten, auf ihre Pferde gesprungen waren und wie die wilden Tiere die Verfolgung aufgenommen hatten. Sie fragten sich, wer ihr Geheimnis veraten haben mochte. Aber sie waren sich sicher, dass sie die Braut finden würden, denn weit konnte sie nicht gekommen sein. So besprachen sie sich lange, nachdem sie sich unter demselben Baum eingefunden hatten, um zu rasten.

Das arme Mädchen kam halb um vor Angst. Sie fürchtete sich so sehr, dass sich alles um sie herum zu drehen begann, und die Stimmen der Räuber schallten wie Paukenschläge in ihren Ohren.

»Ich bin verloren!«, sagte sie sich. »Morgen früh werden sie mich finden und dann ist alles vorbei. Wie soll ich hier noch lebend herauskommen?«

Ihre Augen waren voller Tränen, doch es half nichts, sie musste sich zusammenreißen. Die Angst schnürte ihr die Kehle zu und niemand hörte ihr Weinen.

Nach einer Weile wurde es still. Von den Räubern war fast nichts mehr zu hören. Erschöpft und betrunken von der Hochzeitsfeier schliefen sie bald ein. Dann begannen sie laut zu schnarchen. Als das arme Mädchen dies hörte, stieg sie langsam den Baum hinunter. In der Dunkelheit aber sah sie nicht die Schwerter, die die Räuber gegen den Baumstamm gelehnt hatten, und berührte eines mit dem Fuß. Dabei schnitt sie sich in den Zeh. Doch ihre Furcht ließ sie nicht an den Schmerz denken. Das Blut floss aus der Wunde, aber sie verlor keine Zeit und rannte davon. So lief sie ziellos die ganze lange Nacht, ohne zu wissen, wohin, bis sie endlich, als es Morgen wurde, Schafe blöken und Hunde bellen hörte.

Als die Räuber am nächsten Morgen aus dem Schlaf erwachten, sahen sie das Blut an ihren Schwertern und reimten sich schnell zusammen, dass das Mädchen auf dem Baum gewesen sein musste, ohne dass sie selbst es bemerkt hatten.

»Schnell hinterher, wir holen sie noch ein!«, rief der Anführer der Meute und alle sprangen auf ihre Pferde. Inzwischen näherte sich die junge Frau der Schafherde, die sie vom weiten gesehen hatte. Es dauerte aber nicht lange und sie hörte auch das Galoppieren der Pferde. Was blieb ihr anderes übrig, als wieder die Beine in die Hände zu nehmen, bis sie zu den Hirten kam.

Die Hirten hörten ihre Hunde bellen und dachten, ein Wolf treibe sich bei ihrer Herde herum, als sie aber die Frauenstimme vernahmen, eilten sie herbei, um zu sehen, was eine Frau am frühen Morgen auf der Weide suchte. Sie erblickten das Mädchen und kamen sprachlos näher. Was in Gottes Namen hatte eine geschmückte Braut in diese Einöde getrieben? Doch noch bevor sie diese Frage aussprechen konnten, bekamen sie von ihr, die keine Zeit zu verlieren hatte, Folgendes zu hören:

»Meine lieben Hirten, versteckt mich schnell, denn Räuber sind mir auf den Fersen. Als Dank schenke ich euch einige von den Goldmünzen, die ich um den Hals trage.«

Die Hirten ließen sich das nicht zweimal sagen und beeilten sich, sie mit ihren langen Mänteln zu verhüllen. Dann liefen sie auf die andere Seite der weidenden Herde. Als nach einer Weile die Räuber angeritten kamen, fragten sie ohne einen Verdacht zu schöpfen, die Hirten, ob sie eine geschmückte Braut gesehen hätten.

»Was, ihr sucht in dieser Einöde nach einer geschmückten Braut?«, gaben sich die Hirten unwissend. Die Räuber ritten galoppierend davon und die junge Frau wurde gerettet. Sie dankte den Hirten, schenkte ihnen eine Reihe Goldmünzen und nahm schnell den Weg zum Schloss, so wie ihn ihr die Hirten gewiesen hatten.

Nun wurde es helllichter Tag. Die Sonne schien vom Himmel

herab und die junge Frau lief freudig über das Land, im Glauben, die Räuber seien irrig davongeritten. Aber die Abkürzung, die sie genommen hatte, führte sie auf den Weg, den auch die Räuber genommen hatten, und bald hörte man wieder laute Rufe und das Galoppieren der Pferde.

Erneut wurde sie von der Furcht erfasst, und wieder nahm sie die Beine in die Hand. Sie sah ein kleines Dorf, das sie sofort erkannte, denn es lag nahe am Schloss. Nur, das beruhigte sie nicht, denn die Räuber kamen immer näher. Doch das Glück war ihr noch einmal hold. Dort ganz in der Nähe pflügte ein Bauer sein Feld. Sie rannte zu ihm und bettelte: »Mein guter Mann, ich bin es, die Prinzessin, bitte verstecke mich, die Räuber sind hinter mir her! Verstecke mich und ich schenke dir eine Reihe Goldmünzen!« Als der Bauer dies hörte und die Goldstücke an ihrem Hals sah, ließ er sich nicht länger bitten, sondern verlor keine Zeit und vernachlässigte auch jede Gefahr. Er grub schnell eine Furche in das Feld, legte die junge Frau hinein und warf über sie die Maiskolben, die er für seine Ochsen dabei hatte. Er legte seinen Umhang und den Beutel noch darüber und dann nahm er wieder den Pflug in die Hand, als wäre nichts geschehen. Als nach einer Weile die Räuber angeritten kamen, und ihn nach der jungen Frau fragten, stellte sich der gute Bauer dumm, und tat als verstünde er nicht, worum es ging.

Damit gaben die Räuber nun die Suche endgültig auf und kehrten verärgert und beschämt in ihr Schloss zurück. Als sie sich entfernt hatten, half der Bauer der jungen Frau aus der Furche. Er gab ihr von seiner bescheidenen Mahlzeit zu essen, denn sie war erschöpft und hungrig. Und dann hob er sie auf seinen kleinen Wagen und brachte sie ins Schloss.

Dort war man sehr verwundert über die plötzliche Rückkehr der Prinzessin. Ganz zu schweigen über ihren Zustand und ihr zerlumptes Kleid. Als das Königspaar die schlimme Geschichte aus dem Munde ihrer Stieftochter hörte, traute es seinen Ohren nicht. Aber ihre Erleichterung darüber, dass sie davongekommen war, war groß. Sie dankten dem Bauern, der sie gerettet hatte, nicht nur mit den Goldmünzen, die ihm versprochen wurden, sondern füllten seinen Beutel mit Gold, und er zog freudig und als reicher Mann davon und machte sich auf den Weg zu seiner Familie. Der König schickte seine Krieger und verjagte die Räuber, weit, weit weg. Ihre Schmach darüber war so groß, dass sie nie wieder über das Königreich geritten kamen, um jemanden zu überfallen. Die junge Prinzessin, endlich, nahm sich einen Prinzen zum Bräutigam, einen, der ihr gefiel, und lebte fortan glücklich und zufrieden. Und diese Geschichte, die erzählten sie weiter, lange und bis ins hohe Alter, zunächst ihren Kindern, und dann ihren Enkeln und Urenkeln.